# 心理学与读心术

洞察先机 让你瞬间看透对方 高效驭人

何成洁◎著



北京时代华文书局

**图书在版编目（CIP）数据**

心理学与读心术 / 何成洁著. -- 北京 : 北京时代华文书局, 2018.12

ISBN 978-7-5699-2799-3

Ⅰ. ①心… Ⅱ. ①何… Ⅲ. ①心理学一通俗读物 Ⅳ. ①B84-49

中国版本图书馆 CIP 数据核字（2018）第 267168 号

**心理学与读心术**

XINLIXUE YU DUXINSHU

作　　者 | 何成洁

出 版 人 | 王训海
选题策划 | 郄亚威
责任编辑 | 周连杰
封面设计 | 吕宜昌
责任印制 | 刘　银

出版发行 | 北京时代华文书局 http://www.bjsdsj.com.cn
北京市东城区安定门外大街 136 号皇城国际大厦 A 座 8 楼
邮编：100011　电话：010-64267955　64267677
印　　刷 | 北京兰星球彩色印刷有限公司　电话：0316-5925887
（如发现印装质量问题，请与印刷厂联系调换）
开　　本 | 710mm×1000mm　1/16　印　　张 | 16　字　　数 | 200 千字
版　　次 | 2018 年 12 月第 1 版　印　　次 | 2018 年 12 月第 1 次印刷
书　　号 | ISBN 978-7-5699-2799-3
定　　价 | 32.00 元

# 目　录

Contents


Part 01 提出问题，读懂人心 / 001

Part 02 听出话里的“弦外之音” / 017

Part 03 从说话习惯看背后真相 / 049

Part 04 从借口判断性格 / 083

Part 05 关注谈话时的神态 / 097

Part 06
面对谎言的态度 / 117

Part 07
用真诚和谦卑赢得友谊 / 153

Part 08
调节心态和情绪，避免冲动和发怒 / 195

Part 09
用成功心理学开发你的潜能 / 225

# PART 01

## 提出问题，读懂人心

# 好的谈话内容是双向的沟通

小刘是新来的同事，她看起来有点孤僻。每天，她在早上上班的时候和同事打声招呼“早上好”之后，就一直窝在椅子里，做出一副“请勿打扰”的姿态。午休时间大家都比较活跃，聊购物、聊美食……可是小刘仍然一言不发，依旧对着电脑。王经理看在眼里，就主动坐到小刘身边，询问小刘最近工作的情况。小刘仍是问一句说一句，一副心不在焉的样子。见她桌子上有一个米奇图案的杯子，王经理就说：“你也喜欢米奇啊，我也喜欢呢。你看，我的手表都是米奇的，我啊，就是老有少心呢！其实刚到这个公司的时候，我也很内向，那时我刚刚离婚，和大家都刻意保持着距离，还好同事都很好相处，工作上也对我很支持。你也要开朗起来哦！”小刘的脸上终于露出了笑容，最终她坦言：“新的工作环境，我有点难以适应，工作又没有上手，所以有时候不太想说话。”

从例子可以看出，王经理的自我揭露打动了小刘，从而鼓励小刘说出了心里话。好的谈话内容是双向的沟通，除非你谈到自己，否则无论你问多少问题，问得多么精妙，都不会谈得太深。如果你想让别人坦白，就必须先说一些你自己的事情，这样你的谈话就变得值得一听，他会觉得你和他更亲近了。

人们都乐于接受和自己主动接近的人。有时候，如果你适当地揭露自己，往往更能让人体会到真实。因为人人都有缺点，如果你表现得太过完美，高不可攀。往往会给人一种冷若冰霜的感觉，从而疏远和你的距离。只有你收回了你的防卫心，对他敞开心扉，他才能对你积极回应。要知道，没有人有义务对你开放自我，也没有人向你发誓一定要主动或诚实。如果你想从他那里得到不设防的话，你就一定要鼓励他，让他信任你。可见，适当地自我揭露，更能让他对你产生信任感，你的表现不是刻意伪装的，他也更容易对你吐露心声。

因此有人说，如果你想看清某人，你就必须先让自己被他看一眼。当然自我揭露是讲究效果的，你需要仔细挑选你要揭露的事，并选择适当的时机，如果不确定要透露多少，最好少说些。你可以在关系成熟的时候适时填补一些，这样，他会感觉到有新鲜感，你也不会因为透露太多缺点而吓跑他。

对于那些取得突出成绩的人来说，适当地进行自我揭露，让自己在别人心目中的完美形象掺杂点小缺憾，往往更能消除他人的妒忌心理从而鼓励对方说出心里话。

# 好的氛围能让对方吐露真心

有的谈话氛围会产生温室效果，和谐的氛围会使谈话开花、结果；而有的谈话环境则像暴风雪一样打消了谈话的兴致。在很多情况下，我们都能尽量选择对话的环境，营造和谐的谈话氛围。比如，你绝不会选择在吃午餐的时刻问别人怎样治疗痔疮效果好，也不会在电影开场后的安静环境里大声谈论对方的私人糗事。如何营造让对方吐露真心的氛围？以下方法可供参考：

**1. 环境：谁的地盘谁做主**

谈话的环境往往影响着谈话的内容和质量。如果你想让对方在轻松的氛围里对你吐露真情实感，那么事先设计好对话环境是必不可少的。如果你追求一位美女未果，不妨和她去她最喜欢的那家西餐厅。在雅致的小包间里，花 4 个小时细品咖啡和 4 道精致的菜肴。伴随着悠扬的钢琴曲，还有什么比这种方式更能让一个人吐露心声？当然，如果你实在想不出在哪里谈话比较合适。你不妨直接问他："你想在哪里聊聊？"或者"你有特别想去的地方吗？推荐一下！"

一般情况下，人们在自己的地盘是最自在和放松的，如果你想让他对你开诚布公，就在他自己的地盘或是他选择的地方吧！在那里，他有一种自己做主、控制谈话内容的感觉。这将使他十分惬意和放松，他也可以将话题发挥得淋漓尽致。反之，如果你让他来你的地盘，例如，你的办公室。他往往会保持警戒，不会对你透露太多。

**2. 旁观者：请他赶快离开**

这有点像表演开始时清空舞台的感觉，不相关的人，还是请他赶快离开吧！试想一下，如果你问谈话对象一个私人问题，有很多旁观者在场，他会将心里真实的想法吐露出来吗？他往往会采取自夸、敌对态度或表现出自我防卫的姿态。有时候，他甚至会以沉默来对抗你的问题。所以，明智的话赶快清场。

**3. 障碍物：一脚踢碎它**

你和谈话对象之间的任何物品都可能影响你们的交流，所以很多人在谈话的过程中，选择从桌子后面走出来，坐在交流对象的旁边。如果你想排除谈话对象的心理障碍，那么请先除去你们之间的障碍物。它有可能是一个过高的花瓶、多余的水杯或是任何干扰你和对方视线交流的物品。如果你戴着帽子或是太阳镜，也要摘下来。

**4. 分心的事物：暂时隔离**

如果你的谈话对象聊兴正起，她的心扉已经向你敞开了一半。这时你接了一个不合时宜的电话，10 分钟之后，电话被挂断，尽管你说了抱歉，但是你的谈话对象却连刚刚说到哪里都忘记了。一般来说，当一场对话谈到情绪高昂的时候，我们最不想的，就是被电话或其他事物所干扰。这些让人分心的事物，包括：电话、电视、收音机、呼叫器，等等。所以你需要关掉电话，关好房门，当你消除分心的事物时，你已经为坦诚、完美的对话准备了良好的氛围了。

总之，好的谈话就像潺潺的河水，蜿蜒前行，又永远不会中断。障碍物就是河中的杂草、碎石、淤泥，只有清除这些谈话的壁垒，交流才会更加顺畅。

# 迅速了解一个人

如果你想迅速地了解一个人，问他问题是最快捷的方法。不论你是相亲、工作、面试、看医生还是为孩子找个学校，事先设计好你想提出的问题，想好你究竟要网罗对方哪一方面的信息，这样做会达成许多目标。当然，你的问题需要有清楚的焦点，有时候你必须要求精准的答案。

问什么样的问题要考虑环境因素以及你想从对方身上得到些什么。如果你遇到了一个漂亮女人，你想娶她为妻，你未来的妻子对你父母的态度以及她的家庭观念就是你要探究的。如果你想去看医生，你就需要预先设计好与你的病情相关的问题。这样，你不容易丢失谈话的焦点。如果想不起来问谈话对象什么问题，你可以把问题的侧重点放在以下三个方面：社会经济背景、生活满意度、爱心和同情心。

**1. 社会经济背景**

人们都喜欢谈论自己，你的谈话对象也不例外。如“你在哪里出生？”“你的职业是什么？”这些问题几乎可以问任何人，要注意的是问的时候不要太过生硬，要缓慢而自然，并考虑你的问题是否涉及太多隐私，同时提出问题不要过快，要有过渡。家庭成长环境对一个人的影响很大，因此你可以尝试问她："你的父母是什么职业？""你小时候就学过舞蹈，是母亲接送你吗？"通过这些问题，你可以简单了解她的家庭背景，答案也将会显示出她们的社会经济背景。

**2. 生活满意度**

能帮你判断谈话对象生活满意度的问题也是值得一问的。如："你小时候的理想是什么？实现了吗？""你在高中时想成为什么样的人？"如果你的谈话对象向你坦言这个愿望没有实现，你可以进一步问他原因是什么。这些方面的问题能提供给你一条整体的线索，你能更快地了解你的谈话对象，他对生活是否满意？错过了当初的梦想，他是否感到遗憾？你也可以问他与爱好相关的问题，如"平时喜欢读什么样的书籍？""喜欢什么样的音乐？是否加入一些业余团体组织？"当然，如果你发现谈话对象不喜欢这个话题，他想极力避开，你就不要像只苍蝇一样紧追不舍了。

**3. 爱心和同情心**

许多问题可以透露你的谈话对象是否有爱心和同情心。他和朋友、家人是否亲密？周末是否常常做义工？最近他又参与了哪些慈善活动？他对于街边的流浪汉抱有怎样的态度？你可以事先设定一些问题以便在谈话的过程中提出，测试谈话对象是否有爱心和同情心，并且你们的交谈也将会更有信息性。

总之，你可以准备一些和这三个方面有关的问题，以便能快速地获得更多的信息，从而了解一个人。同时，你们的交谈也会更加流畅。你可以随着谈话的流向，随时回到你准备好的问题上，不论你现在提出什么话题。

# 问话是一种艺术

每种类型的问题都有最合适的谈话情境，知道什么时候用哪种类型的问题，对于想从别人身上得到可靠信息的你来说，是非常重要的。设想一下，在交谈之前，你想到了可以提出的各种问题，你可以把它们看成一个漏斗：宽口的一端代表开放式的问题，你可以容许对方对这一问题做出宽泛的解释和随性的回答。争论式的问题是漏斗的尖端，这往往是一些焦点明确的问题，时常是对立的，起争论的。在这之间便是诱导式的问题，它起到疏导的作用，关注谈话对象的反应，虽然它不及开放式的问题一样宽泛。

**1. 开放性的问题**

开放式的问题简直可以用闲谈来形容，轻松得好像你们就是在拉家常。这类型的问题不会有所指向，谈话对象也不用分辨哪一种答案会取悦于你，没有担心，他自然就可以轻松地说出心里话。开放式的话题是你获得客观信息的首选。

当然，开放式话题也有缺点。由于它们太宽泛了，答案有时候会完全脱离轨道，你得到的信息往往都不是你想要的。而且开放式的问题也相当费时，有时候唠唠叨叨谈了半天，却没有你想要的答案。开放式的问题也给谈话对象规避问题创造了条件。

**2. 诱导式的问题**

开放式的问题没有限定任何答案，而诱导式的问题则有限制。有时候限制是有利的，因为这样可以引导谈话的方向，避免浪费了大量的时间和精力却不得要领。如果你想知道你的员工工作热情如何，不要问他："你今天都做了什么？"而是问一个诱导的问题："你今天几点到公司的？"

如果你想从一个闪烁其词的人口中得到直接的答案，你可以好好利用诱导式问题。否则，如果你问他开放式的问题，估计问三天三夜也问不出结果。另一种使用诱导式问题的情况，是让对方知道你事先掌握了他的一些信息。例如，母亲对儿子说："我知道你一直都不喜欢舞蹈，但是学了拉丁舞是不是有一些不同的感觉？"或者商人对潜在的客户说："这项计划是否和去年……事情有关？"这些问题能促使谈话对象坦露更多的信息。

**3. 争论式的问题**

争论式的问题给人的感觉就是争论、辩解。有时为了取得重要的信息或揭发谎言，你不得不使用这种问题。在日常生活中，使用威胁的手段强迫对方承认以取得答案应该是最后的手段。有时候，在最激烈的言谈攻击下，你的谈话对象不得不承认他"没有犯过的错"。但是冷静之后，他往往会表示这是为了避开你，为了逃离现场才那样说的，这样的态度转变有时难辨真伪。有时候你逼得紧了，他甚至会说："好吧，我承认，你不就是想让我承认吗？现在你得到了你想要的答案，可以走了吗？"

总之，不同类型的问题都有适合的谈话情境，选对问题往往是读懂对方的第一步。

# 通过回答的技巧和动机洞察个性

无论你多善于设计问题，偶尔还会遇到闪避功夫一流的聊天对象。有的人回答问题密不透风严丝合缝；有的人则会扯上一些风马牛不相及的事。其实，橡皮绳是在你的手里，只要你知道谈话的焦点在哪里，如果有人跑题你就完全可以拉回来的，重要的是他对问题的反应不仅仅是回答，你可能需要仔细观察和聆听，注意他稍纵即逝的反应及一些细微的蛛丝马迹。无论是哪种反应，辨别出他的技巧和动机，你就能充分洞察他的个性。

**1. 没有反应**

避免反应的方法很多，改变话题或干脆对你置之不理。如果聊天对象对你提出的问题没有作出任何反应，首先你要确定他是否听到或彻底了解了你所提出的问题。有些人不愿意承认自己没听清或没听懂问题，这也是很常见的事。有的人在忙着手头上的事，通常还没有反应就忽然转移了话题，他自己却浑然不知；有的人对问题理解错误，却以为已经作了回应。在这种情形下，没有反应不是什么大事。只要再多问一些，应该很快会得到答案。

在提问之前，尽量猜猜他人不愿意回答的原因，对谈话的顺利进行是很有帮助的。如小区的王大妈性格开朗，很喜欢和你聊她的家里人。但是你发现，她总是回避说她的独生女儿，每次你问到这，她都像没听见似的，很快就转移话题。后来你听说，她的女儿和网友私奔了，很久都没有回家了。由此可见，如果有人逃避你的问题，他可能是不想出丑，或是有意避开真相，他也可能会扯上不相干的话题。在这种情况下，你要忍住好奇，不要一直质问下去，盲目追求事实真相会引起别人的反感。重要的是你知道了她的反应，什么是话题的敏感点，你可以稍后再尝试。

**2. 简短的回答**

如果有人一直用简单的回答来敷衍你，就太不寻常了。他为什么会有这样的反应？他的回答是不是太过简单？如果对方一直用“是”或“不是”来回答你，你就要提高警惕了。

细心观察可以发现，诚实简短的回答，其肢体语言和说谎的动作反应明显不同。诚实简短的回答对应的是心情轻松、毫无戒备。而说谎者的简短回答往往伴随着紧张、恐惧、困窘，甚至有些气喘。可见，如果一个人总是用简短的答案来回答你的问题，观察他的肢体反应，你就可以洞察他的内心世界了。

**3. 冗长的回答**

有的人回答问题拐弯抹角，有的人则是啰唆，解读冗长的回答难度要大得多。冗长的回答有时会隐藏或歪曲事实，有的人在回答时长篇大论，将事实散布其中。这样的反应表明他内心充满不安，他怕你识破他。于是，将事实与谎言混合在一起，让你自己去挑拣分辨去吧。

你不用对他的每句话都怀疑，可以细心研究话里的含意。想想他回答的是不是很充分？他的肢体语言是不是能给人一种坦率的感觉？你可以对他响应的内容做出检测，看回答的内容是不是前后一致。如果他是在信口雌黄，前言不搭后语，那么可能表明他心情紧张，缺乏安全感。如果内容连贯流畅，那有可能他想控制谈话的方向或是想对你有所隐瞒。

# 通过局外人，了解真面目

人总是要和其他人交往，同时本性也会暴露在不相干的局外人面前，也就是说，他不一定认识这局外人，可是局外人却知道他的存在，并且观察了他的思想和行为。人再怎么戴假面具，在没有舞台和对手的时候，这假面具总是要拿下来的，让很多人看到其真面目。而当他和别人交往、合作时，别人也会对他留下各种不同的印象。因此，你可以向不同的人打听，打听他的为人、做事、思想。每个人的答案都会有出入，这是因为各人好恶有所不同之故。你可把这些打听来的资讯集合在一起，找出交集最多的地方，那么大概就可以了解这个人的真性情了。

不过打听也要看对象，向他的密友打听，听到的当然都是好话；向他的“敌人”打听，你听到的坏话自然较多！最好能多问一些人，不一定是他的朋友，同事、同学、邻居都可以问，重要的是，要把问到的综合起来看，不可光听某个人的话！

打听还要讲技巧，问得太直白，会引起对方的戒心，不会告诉你实话，最好用聊天的方式，并且拐弯抹角地诱导他说出真话。当然这技巧需要磨炼，不是三两天就可以学到的。如果你花点时间想一些有效率的问题来问这些他认识的人，你可能会得到你想要的信息。

在聚会中，你问老总的妻子："王总很喜欢钓鱼，平时您陪他一起去吗？"这个问题可能会引出一些反应，因此显示出他的性格、爱好和价值观。如果她回答："他不可能带我一起去的，他觉得钓鱼是需要耐性的，我的耐性不够。"这表明他是个严肃认真的人。"我很想去，但是他从不带我一起去。"这透露出他的自私和冷漠。"是啊，我们每次都一起去，已经6年了，每个周日早上6点我们会准时出发，我们都很享受这个过程。"这表示他是个有责任心的人，他有很强的计划性，做事也很执着。如果你是他的员工，忠实、坚毅、组织性都是他希望在你身上看到的。与局外人的交谈，任何这样的信息都会使你了解到"他重视什么"，从而可以预测他的行为。

此外，你也可以看看对方交往的都是哪些人。人们常说"物以类聚，人以群分"，什么样的人就和什么样的人在一起，因为他们价值观相近，所以才凑得起来。所以性情耿直的就和投机取巧的人合不来，喜欢酒色财气的人也不会跟自律甚严的人成为好友。所以观察一个人的交友情况，大概就可以知道这个人的性情了。

除了交友情况，也可以打听他在家里的情形，看他对待家人如何，对待邻人又如何。如果你得到的是负面的答案，那么这个人你必须小心，因为对待至亲都不好，他怎么可能对你好呢？若对你好，绝对是另有所图。

# PART 02

## 听出话里的“弦外之音”

# 怎样理解“可能吧”？

中国有句老话叫作：“说话听声，锣鼓听音。”就是要注意说话者的“弦外之音”。你一定有这样的经历，当你表达完想法向大家征求意见的时候，大多数人会附和：“我同意你的想法。”可是，却有一个不同的声音响起：“可能吧……”是的，就是这几个简单的字，你会怎样理解？

你也许会想，是他没有思考出否定的意见才这么回答吧。当然，不排除这个可能，但是大部分时候说出“可能吧”往往有言外之意。其实，“可能吧”的潜台词很明显是：“我不同意你的说法。”

我们暂时假设他有不同的意见。设想一下，在大家都对你的想法持肯定态度的时候，他往往不好意思直接提出异议。如果他直言不讳“我不同意你的说法”，这需要很大的勇气。这样的人自我防范意识很强，他往往很老练，而且有很多顾虑。也许他觉得只有自己一个人提了反对意见，会招来大家的反感。然而，他又不想违心地表示赞同。在这种情况下，他懂得含蓄，知道迂回，于是只好以一句“可能吧”

来敷衍。这样的人一般比较冷静，懂得以退为进，一般人际关系处理得都很好。所以，听到这样的话，你要充分考虑回应人心里的真实状态。在这种语言环境下，他其实很想表达自己的真实想法：我想说不是这样的，但是现在提出反对意见，又好像不是时候……这正是他心里一直在纠结，有矛盾的表现。所以说，“可能吧”的心理语言等同于“我不同意你的说法”。

其实，这种碍于语言环境而不便直接对你表达否定意见的行为是受从众心理支配的。从众心理是指当个体受到群体的影响，会怀疑并改变自己的观点、判断和行为，朝着与群体大多数人一致的方向变化。这种从众心理也被称为“随大流”。一般来说有三种表现形式：一是口服心服。即表面完全服从，内心也欣然接受。二是口服心不服。即表面出于无奈勉强服从，可是内心有着强烈的反对愿望。三是彻底随大流，谈不上服从与不服，看别人怎么样他怎么样。

与“可能吧”相类似的回应还有“好像是这样吧”、“也许是吧”、“大概吧”、“差不多”等，这也是很多公司主管常用的回应语，如果你的意见得到了这样的回应，你就需要好好揣摩一下了。

# 说“性格不太好”的真实意思

生活中，我们常常可以听到身边的人以抱怨的口气评价自己，这个说，“我的性格不太好”。那个说，“唉，最近我胖了……”、“总熬夜，我都长痘痘了”。他们真的是有感而言吗？面对他们的“坦诚”你该做何感想？其实，他们过分地关注自己的性格、外表，恰恰反映出他们不同的心境。

王文在联谊会上认识了一个叫雪的女孩。吃过一次饭，雪就和王文坦白：“我的性格不太好。”王文心想：“她总说自己性格不好，可究竟哪里不好呢？雪一直都是温婉可人的模样啊！”继而又想：“能坦言自己性格不好的人，相信也坏不到哪去。”可是，随着交往的程度加深，王文发现雪的性格真的很差，她总是随时随地叫王文帮她背着一包化妆品，不分场合地补粉、修眉，而且她总觉得自己是独一无二的，她觉得王文就该随叫随到，她说王文遇到了自己是捡到了宝。

从例子可以看出，王文把雪坦言“性格不太好”看成了诚实就犯错了，坦诚自己性格不好的人，往往性格真的很差。这样的人通常意识不到自己性格上的缺点。

性格是好是坏，并不是绝对的，每个人的看法不尽相同。如果你在和人交往的过程中，遇到一个坦白自己性格不好的人，你需要具体情况具体分析。一般人对不熟悉的人通常不会过多谈论自己的性格，不想被人知其“短”。如果仅是见了一面的人对你暴露自己“性格不太好”，这往往是其自恋的表现。实际上，他要么把“性格不太好”当成了口头禅，要么就是以自我为中心的人，他对自己相当满意，并且十分喜欢“性格不太好”的自己。所以，他表现得十分自恋，总是把注意力过多地集中在自己身上。

生活中，还有一部分人总是关注自己的外表，和他们交谈你会感觉有些喘不过气来，他们总是纠结在“是不是长胖了”、“脸上是不是起痘痘了”等这些问题上。究竟他们出于什么心理，要向你坦言自己“长胖了”或“起痘了”呢?

假设你有个久违的朋友，他非常胖，你从前没少拿他的胖开玩笑。如果有一天你们在街上重逢，他一定会抢先说：“我是不是又胖了啊？”是的，如果他很率真，以你们的亲密程度，他坦诚自己胖了也无妨。这是他先发制人的表现，因为他不了解你的感受，过胖的阴影又使他的心里忐忑不安，他总有一丝担心：“好久不见了，你不会又说我胖了吧？干脆我先说出来封你的嘴吧！”其实这样的人，既自我又自卑，他总是觉得别人会把目光注视在自己的身上，同时，他又觉得自己身上有不完美的地方。他虽然直言自己长胖了，心里却十分渴望能得到你的否定回答。如果你说：“你哪里胖了，明明瘦了嘛！”相信，他会笑得连耳朵都红了。

# “可是”的表达意图

如果留心观察犯错的儿童，你会发现，小孩子犯错误被父母发现之后，无论大人怎么苦口婆心地教育他，无论说什么，他通常都是一种反应：瞪着乌溜溜的眼睛向上看，嘴上嘀咕着“可是……”。有这样的反应表示他对父母所说的话根本不感兴趣，也没有办法静下心来倾听。这样的孩子基本以自我为中心，无论父母说什么，他都会有几句话辩解。

不只是孩子，成人也是如此。尤其是在恋人、朋友或同事之间，我们经常可以听到耐人寻味的“可是……”。比如在你开会讨论问题的时候，经常有人会“可是……”个没完，这样你很容易就感到手足无措。你和大家一直在讨论一个问题，可是就有那么一个人一直在用“可是”强行转换话题，结果刚刚谈论的有点眉目，讨论又不得不中断。因此，整个会议要是有一个人用两三次“可是……”，这个会议就没办法继续下去。常用“可是”的这个人，他无法安静地听完你的发言，他也参与不到大家积极的讨论中去。对他来说，大家讨论的话题是他无法忍受也不感兴趣的，他没有办法静下心来倾听，他的思绪被自己“可是”后面的内容添堵得满满当当的。他喜欢这样以自我为中心，并且表现得很幼稚。

在日常交谈时，除了“可是”还有很多可以转移到新话题的连接词。如“要是这么说……”“也就是说……”等，随着信息交换或是意见表达，谈话的内容会开始绕圈子或是转向。有时候话题的转换不是自然发生的行为，而是参与者有心操控的结果。像前面提到的“要是这么说”，明显是通过承接别人的言论，将话题转移到自己的观点上。“也就是说……”则是换一种方式强调之前所说的话。这些连接词使话题的进行不像火车轨道横越平原那般平顺了，它能清晰地表露出什么话题是人们感兴趣的，什么话题是他们不感兴趣的。

发现人们用“可是”来改变话题的时候，这其实也是他听不进去，想回避话题的表现。例如，假设妻子问丈夫是否想要小孩？先生回答：“我是喜欢小孩，可是我们还没有准备好啊，我的工作很忙，事业正处于上升的阶段，领导说年后我就可以升职了。现在要孩子太不是时候了……”随着话题的延伸，他提到了工作、升职，蓄意变更话题，“可是”后面的阐述才是他真正想表达的，他没有真正听进去妻子的想法。不过这个转变很自然，后面的话题都是“可是”之前的延伸，并且与妻子的问题相关。

总之，如果有人在和你谈话的时候频繁用到“可是……”，我们基本可以断定，他没有听进去你说了些什么，他只是想尽快结束谈话或者重新开始一段新的话题。

# “年轻真好啊”仅仅是夸奖吗？

小悦新进一家单位不久，她年轻有魄力，凡事都想做到最好。对待女上司交代的任务，她更是一丝不苟，加班加点，保证定时超额完成。每次她和同组的提前完成任务，她都会受到女领导的夸奖：“年轻真好啊，想法很有创意，继续保持啊！”“谢谢领导，我会继续努力。”小悦每次都很谦逊。可是女领导夸奖归夸奖，却连一次奖金都没有给小悦，反倒是同组的做事没有小悦利落的女孩常常拿奖金。小悦觉得自己是新来的，并不十分在意，可是一直到年底，小悦除了领导那句“年轻真好啊”之外，什么奖励都没有得到。一直到她离职，她都不明白，女领导明明看到了她的努力，为什么就没有给她更实质的鼓励呢？

例子中“年轻真好啊！”这些类似的话语，在生活中，我们也常常听年长的上司说过。其实，后半句根据情境的不同，可以理解为“我可没有那么好的体力”、“我可没有那么大的冲劲”，等等。不管怎么说，看似表扬下属的话实际上却有另外的含义。当你听到上司在夸奖你“年轻真好”的时候，他的心里有可能在说：“年轻真好啊，不过我和你们年轻人不一样，我更注重实际。”后一句话的真正含义，需要联系具体语境，你才可以真正体会到。

的确，随着年龄的增长，年长的上司对你年轻的体魄和活跃的思维会表露出羡慕和赞赏。不过，他们却保留着长期在工作环境中竞争并取得胜利的自豪感，这会使他们毫不认输，保留着一种“我不会输给年轻人”的心态。虽然他们嘴上可能对你出色的表现表示夸赞，但有可能只是“口服心不服”，他们嘴上说了“年轻真好”，心里却并不这样认为。他们也许只是出于在你面前摆出一种长者的姿态，之所以这样做，无非是想获得你的恭维，他们心底有个声音分明在说：“我们承认年轻很好，但是我和你不同，我更了解脚踏实地才能把理想变成现实。”如果此时你识破了他的话外音，你来一句，“其实我觉得还有更好的方法，请您多赐教”。相信你的上司一定会乐此不疲地对你教诲了。或者你说“作为年轻人，我太毛手毛脚了，这次成功多亏了您沉稳的领导”，如果你这样说，你一定会在他脸上看到真实的想法。

作为年轻人，听到年长的人夸奖自己年轻有作为时，如果能透过谈话的语境，揪出他说话的本意，你一定会了解他内心的真实想法。这样，你不会因为被夸得得意忘形而被扣上“还是太年轻，没有礼貌”的帽子了。

# “某某真厉害”是肺腑之言吗?

“李姐真厉害！”“不愧是主任，这么棘手的工作都摆平了！”生活中，这样的话不绝于耳，要是下属这么说，相信作为上司的你早就飘飘然了吧？可是这真是他的肺腑之言吗？你有出色的工作能力，下属可能真是由衷地感到钦佩，但也不能排除他和你客套的成分。要分清他是真情还是假意，要看他平时对你的态度而定。一般来说，如果他平时很仰慕你并且只在适当的时候对你表示赞赏，这表示他的话是发自内心的。如果他时不时不分场合就对你赞不绝口，这往往是故意和你套近乎，他的真正用意是想要超过你。

一般来说，经常奉承上司的人多半是进取心强的人，他的内心想坐到上司的位置上，所以在语言上对上司表示赞赏，在行动上往往也有模仿上司的谈吐、行为的习惯。出现这种情况，即使是客套话，一般也是下属自叹不如上司。如果下属真的认为上司不行，他一般不会违心地乱加奉承。所以，当听到有人夸你“真厉害”的时候，你是可以通过他说话的情境来推断此话背后的真正含义的。一般这句话可以理解为“我要超过你”或是“我要成为你，以后也要有人这么对我”。

“某某真厉害”不是一句简单的奉承话，它有时还能透漏出说此话的人想通过语言和你拉近心理距离的愿望。任何人际交往都是在交际双方所结成的心理距离中进行的，适当的心理距离是人际交往成功的一个必要条件。语言是可以拉近或推远相互之间的心理距离。“某某真厉害”和一般的恭敬的语言有着相同的效果，这类语言要依靠时间、场合、目的微妙地表达。如果有人在适当的场合夸奖你“真厉害”，你往往不会感到不适，你丝毫也感受不到他内心想要超过你的真实意图。所以有人也把这称为“高明的奉承”。

“高明的奉承”一般不会被扣上“拍马屁”、“马屁精”的帽子，有时候，它带给人的只是适度的礼貌，似蜻蜓点水，点到即止。细心观察，大多夸上司“真厉害”的下属都不会跟在领导的屁股后面随走随夸，下属往往会依据情境，并有一定的形式和措辞。例如，当领导做了高明的计划部署或者是对工作进行了有利指导后，下属激动地夸赞“领导您真厉害”或是干脆小声嘀咕“领导太厉害了”。这和总是对领导低声下气、毕恭毕敬、赞不绝口的人有着根本的不同。如果你是领导，面对成天对你赞不绝口的下属，相信随着交往的日益深入，你一定会觉察到他的态度，你可能会有种“这家伙如此口是心非、真会做表面文章”的感觉。

所以说，当你的朋友、同事、下属夸你“真厉害”、“真了不起”的时候，你要了解他们的真正意图。他们虽然和你交往很久，你们彼此了解得也很深刻。但如果他们对你总是赞不绝口，语气也十分谨慎。这表明他们对你有隐隐的敌意，他们企图利用这种方式和态度闯进你的心里，突破你心中的警戒线，实际上，他们的真正动机在于企图模仿你，在内心决定要超过你，取代你。

# 别担心说“做不好怎么办”的人

你拜托朋友一件事，他答应你了，但是却总是小声嘀咕“我做不好怎么办”。他表现得十分不安，弄得你也没了底气，你是不是顿生悔意？心想：“早知道这样，还不如找别人帮忙了。”其实，你的担心是多余的，他担心“做不好”，往往是他面对压力时不自觉的表现，这样的人对你交代的事情往往会认真负责。

不管是谁，身上多了一副沉甸甸的担子，都会有种“搞砸了可怎么办”、“能不能办好”的焦虑和担心。如果你的朋友把他的担心说了出来，这表明他们是怕做不好让你失望。面对你的信任，他有很强的责任感，他在无形中给自己增加了压力，表现在行动上就是小声地嘀咕“做不好怎么办”。他之所以这样小声嘀咕，是为了给自己减少不安感。在这种情况下，如果你对他说“你一定行的，我看你行！”他一定会信心倍增，接下来他就会制订周密的计划并付诸行动。

所以说，如果你拜托朋友帮你做一件事，他说“做不好怎么办”，这是他对你交代的事十分重视的正常的反应，不是说他能力不够，而是他小心谨慎。相反，如果答应帮你忙的朋友一口应承“绝对没问题，放心吧”或“交给我你就放心吧”，这样反而会让你有种“靠不靠谱”的忧虑。

生活中有许多人把握不了承诺的分寸，在面对朋友的托付时，他们会把胸脯拍得啪啪响，说些“绝对没问题”的话。这种表决心的态度本身没有什么不好，问题是大部分人都是嘴上说说就算了，所以常常会听到有的女孩哭着对男友说：“你说话太不算话了，上次你还和我拍胸脯保证了呢！”正是因为承诺易做，履行困难，尽管他们说“绝对没问题”时信心十足，但是真正做的时候有没有能力和信心就不好说了。

“我想做好，但是如果不行，我也没办法”也许这才是说出“绝对没问题”的人内心真实的想法。试想一下，如果女孩埋怨男友说到没做到的时候，男孩通常会说什么？他会说：“我是很想做好，可不行，我有什么办法？”是的，要的就是这句话，当他拍着胸脯说“绝对”的时候，这些脱身的理由就已在脑海里盘旋了。换言之，他从一开始就没有打算负责任。

既然没有信心做好又为何要夸下海口呢？这是他们的虚荣心在作怪，常把“绝对没问题”挂嘴边的人，通常都有很强的虚荣心和自尊心，他们希望朋友、恋人、同事、上司时刻关注自己，他们希望获得身边人的信任。他们希望能给人留下一种积极有活力有冲劲的印象，然而却总是事与愿违。

总之，常说“做不好怎么办”的人通常是履行诺言、有责任感的人，而总把“绝对没问题”当口头禅的人往往不可信。

# “这样啊”是厌烦了你的话题

设想一下，如果你正在和朋友聊天，你一个人海阔天空地发言，他正在倾听。当然，由于你聊兴正起，他除了时不时回应一句“这样啊”之外，他根本插不上话。如果他说了三次“这样啊”，相信你的聊兴很快就会衰退，你也会感觉到朋友对你的言论不感兴趣。

如果他的“这样啊”、“原来如此啊”出现的频率不高，也许你还会质疑：“他有回应，是不是代表他正在倾听，他会这样说是不是只是个人特有的语言习惯？”实际上，绝非如此，他能这样说只能说明他对你的话题已经感到厌烦了。

我们可以试着想象一下，家里的小孩子追在你屁股后面“要听故事”的情境，如果你去热饭或者做家务而使故事被迫中断，他一定会不停地追问你：“后来呢？然后呢？”也有可能是一直注视着你的眼睛，然后急不可耐地说：“到底怎么样了？快说啊！”是的，这些细节都表明他正在兴致勃勃地听你说。可是，如果只是以“这样啊”、“原来如此啊”作简单的回应，这说明你的话题他早已失去兴趣，他的内心或许很烦躁，感受着无法形容的煎熬。他心底有个声音在说，“求你了，别再继续说了，也该轮到我说了”。可是，出于礼貌，他又不得不忍受你的长篇大论，所以才会有心不在焉的反应。

如果这个时候你不能谈些让对方感兴趣的话题，又不肯把话语权交给对方，让他畅所欲言，他会因为无趣而敷衍与你对话。倘若你问他与谈话内容相关的问题，他多半会回答你：“没什么啊”或“没怎么样啊，能怎么样啊”这也是小孩子敷衍大人的常用语。如果你是家长，你正长篇大论地教训孩子，孩子却没有耐心倾听，他像是睡着了一样，没有一点精神。这时，你问他：“听清楚没？你怎么了？很困吗？”他往往会所答非所问地敷衍你一句：“没什么啊。”收到这样的回应，你一定有点不知所措甚至气急败坏，认为孩子真是叛逆。其实，是你没有读懂孩子。“没什么”的潜台词分明是“我不想回答”或是“你说的我都懂，我是有话，但我不想和你说”。这也是他不想继续倾听也不想和你继续沟通的标志。他是想表达自己的想法，但是又担心即使说出来你也不会理解，还会招来麻烦，于是直接用“没什么”来敷衍你。一般到了这个时候，你不要尝试打破砂锅问到底了。

不想听又不得不听，想说又不能说，这些都很纠结。无论是什么原因，都是对方失去倾听兴趣的表现。你要想了解他们的内心，只能静观其变。

# 理性看待“一见如故”

“哎呀，我们真是一见如故啊！”“和你如此投缘，简直是一见如故，相见恨晚啊！”生活中，我们常常听见有人如此寒暄。的确，“一见如故”是很多初见面的人习惯使用的一句话，意思是虽然是初见面，可是彼此的感觉就好像已经认识很久了一样。能碰到“一见如故”的人是人生中的一种幸运，因为彼此可以少掉“试探”这个过程，而直接进到“交心”的层次。

当一个人和你初见面，并且热情地说和你“一见如故”时，你可能受到他的热情感染，也回敬他一句“一见如故”。但是，理性地看待这句话，思索这句话的真正意义，你会感到这可能纯粹是一句客套话，也许只是对方和你保持距离的标志。你的热切响应无法对对方产生效用，对方随之而来的冷淡也许会使你深感受伤。反之如果谈话对象另有所图，想用温情拉近和你的距离，想从你身上获得某些利益。他往往会掺杂着很多奉承的语言，这很容易迷乱你的判断，也最难抗拒！因此，当听到这类话语时，你就要让自己保持警钟长鸣的状态。

如果这时你热切响应他，你就有可能暴露自己，使他有机可乘了。这时的“一见如故”往往从客套话变成了一枚裹上糖衣的炮弹了。倘若有些人不说“一见如故”，却直接用行动表示，这种人你也应该和他保持距离，不要因为太过接近而彼此伤害，葬送有可能好好发展的友情。由此可见，“一见如故”往往不能越过彼此的“试探”过程直接进入到“交心”的层次，如果你被这份“幸运”迷惑，要么你的热情吓跑了对方，要么你放松了警惕，使对方占了上风。

所以，“一见如故”固然是“幸运”，但有时也是“不幸”的开始，这是因为在人性丛林里，人会呈现他的多面性，在不同的时空，善与恶会因不同的刺激而以不同的面貌出现。也就是说，本性属“恶”的人，在某些状况之下也会出现“善”的一面；本性属“善”的人，也会因为某些状况的引动、催化而出现“恶”的作为。而何时何地出现“善”与“恶”，甚至人自己也无法预测及掌握。例如，一辈子循规蹈矩的正人君子有可能因为一时缺钱而忽然浮现恶念，这是他过去所无法想象的事，但就是发生了，连他自己都感到不解。

因此，当你听到“一见如故”这句话时，如果你对对方并不熟悉，不要盲目的为这句话而兴奋或感动，这有可能是他事先设好的一个圈套，就等着你自投罗网。如果“一见如故”只是对方一厢情愿，“话不投机半句多”，你就不必花心思在这上面了。如果对方的“一见如故”还有后续动作，你就要提高警惕与之保持一种善意的距离。这样做你可以有更多的时间去观察对方用心的真伪，从而提高警惕保持距离，避免自己受伤了。

# “您渴吗？喝水吗？”是为了摆脱尴尬

我们日常与他人进行交流，有时会因话不投机而造成某些尴尬场面，令气氛紧张。话不投机有多种情况，第一种情况是，某种言谈举止使人为难，顿时气氛充满了异样，这就需要及时转换话题，以缓和气氛。

两个青年去拜访老师，在谈话中提到：

“老师，听说您的夫人是教英语的，我们想请她指教，行吗？”

老师为难地沉默了片刻，说：“那是我以前的爱人，前不久分手了。”

“哦？对不起，老师……”

“没什么，喝点水吧。”

“老师，您的书什么时候出版啊？快了吧……”

这样转换话题，特别是提出对方很愿意谈的话题，就会使谈话很快恢复正常，气氛活跃起来。

话不投机的第二种情况，是有人有意或无意地开玩笑，带有挖苦意味，使听话者窘迫，甚至生气。如同学毕业10年聚会，有的人头发脱落许多，快成秃子了，而他的同学则挖苦他是“电灯泡”、“不毛之地”。在这种情况下，他不可恼羞成怒，伤了和气；但他也不想“忍气吞声”，硬装没事。于是一笑置之，豁然大度地来两句：“好啊！这说明我是绝顶聪明。没听说吗？热闹的大街不长草，聪明的脑袋不长毛！”这样答复，话题未转，内容却引申、转折了，既摆脱了窘境，又自我表扬，岂不妙哉？

第三种情况是双方意见对立，谈不拢，但问题还要解决，不能回避。这种话不投机的情况就需要绕路引导。例如，在找对象的问题上，母女有矛盾。女儿不愿也不能和母亲闹僵，只好等待时机再说。这天吃饭时，母亲又唠叨起来：“你这孩子，怎么就不听妈的话呢？人家局长的儿子，人长得不错，又有现成的房子，你为什么不和人家谈，偏要……”“妈，喝水吗？这饭有点干，我去给您倒水……”这里，女儿说“喝水吗”是为了回避话题，意在绕路，摆脱尴尬的谈话气氛。很多时候，谈话者忽然将话锋一转，提出了“您渴吗？喝水吗？”的问题，往往是为了避免和你起争执，暂时摆脱“话题谈不拢、意见不统一”的尴尬局面。

第四种情况是在社交场合，有的人遇到一些让他左右为难的境况。他想及时给自己解围，于是就转换了话题。联系工作，洽谈生意，也可能话不投机，陷入僵局。只要还有余地，就可提出新的话题，绕弯引导。例如，甲方推销四吨卡车，而乙方不要四吨的，想要两吨的。这时，甲方若硬着头皮争执，只会越谈越僵，不欢而散。于是，甲方销售代表灵机一动说道：“您渴了吧，我去给您倒杯水，一会我再细致给您讲解一下四吨车的好处！”在这里，甲方代表及时转移话题，绕弯引导，从季节、路途、载重多少与车辆寿命长短等多种因素来促使乙方考虑只用两吨的弊病，于是自然“柳暗花明又一村”，开辟了新的途径。

## 常说“真的吗”是需要得到你的肯定

每个人都有一些不同的说话习惯和常用语言，例如，有些人在心理状态改变的情况下，语调会降低或提高，或说话时夹杂着一些口头语，像“真的吗”、“不会吧”、“你知道吗”、“啊、呀、这个、那个”，等等。当然，这种口头语具有鲜明的个人特色，可以帮助你了解说话者。

如果你的朋友常常说“真的吗”、“不会吧”，你不要觉得他是在针对你、对你的话有所怀疑。相反，这表示他想给你一种没有威胁和企图心的友好感觉。他做人很被动，自信心又不够，需要得到你的真心关怀和肯定。其实他很容易相处，如果你能站在朋友的立场上和他交流，以朋友的心态分享他的想法，并给予他肯定和赞赏，他很快就会对你敞开心扉。

美国路易斯维尔大学心理学家斯坦利·弗拉杰博士声称，从一个人的习惯用语中，可以看出一个人自身的很多东西。社交中，绝大多数人都有使用口头语的习惯，每一种习惯用语，都体现了说话者的性格特征。

**1. 啊、呀、这个、那个、嗯**

经常使用这些词的人，一般有两种情况，一是他们的词汇量少，反应也比较迟钝，在说话时由于思路中断而形成口头语。二是比较有心机的人，他们担心说错话会造成不良的后果，因此需要利用间歇话语思考。这样的人需要你多花时间去沟通，短时间内他不可能把你真正当朋友。

**2. 你知道吗**

如果你的谈话对象高频率地说:“你知道吗？”相信用不了一会儿，你就受不了。说这话的人不自觉地展现了自身的优越感和好为人师的心态。这样的人往往不喜欢你说太多，你给他一只耳朵倾听就够了。他通常认为自己懂的比你要多很多。倘若你尝试着说服他，你很快就会感觉自己是在徒劳，因为他太强势，很难接受你所传达的信息。

**3. 应该、必须、必定这样**

经常使用这样短语的人，一般自信心极强，他表面上显得理智、冷静，但是如果你和他交谈，你就会感觉不舒服，他简直把自己当成了你的家长。他习惯对你“指手画脚”，“热心”地告诉你什么该做，什么不该做。

**4. 另外、此外、还有**

你的朋友经常说“另外”、“还有”，这表明他是个思维敏捷的人，他喜欢参与各种各样的活动，并且热衷新事物，讨厌一成不变的事物。他的思想前卫大胆，经常有一些别出心裁的创意，让你刮目相看。但不足的是他做事容易厌倦，有时只凭一时兴起，做事往往不能坚持到底。

由此可见，口头语看似不经意却又往往是最常见的，它常与说话者的性格、心理活动、精神状态、生活境遇有关。我们透过这些显而易见的口头语来判定一个人，可以很容易地得到客观的结果。

# 不要相信别人说的“绝对”

“绝对先生”因常说“绝对”而得名，他常常开口就说“我绝对没有在领导面前打你的小报告”、“今天开会我绝对没有睡觉”、“我最爱的绝对是你”、“今天的程序绝对得这么改”……这样的人，他的绰号就叫“绝对先生”。其实，根本没有人相信他的绝对，因为每每他说“绝对”时，总会被其他人想出办法来拆穿。

“绝对”的含义原本是强调某件事可能发生或不可能发生的极端程度，但在现实生活中，人们使用“绝对”，所表达的意思，其实往往未必真的绝对，他们将原来所具有的强烈程度大大减轻了。比如，在工作和生活的场所，我们常常听到人们动不动就说：“我认为绝对只有这个办法行得通……”或者一些小学生，他们也喜欢用绝对，比如，“我敢肯定，老师绝对没有发现我抄你的作业”。常把绝对挂在嘴边的人，包括上文的“绝对先生”，他们口中的绝对，往往不是真的绝对，这些加强肯定的强调词在他们这里，早就变了味道。

经常爱说“绝对”的人，大半都有一种自恋的倾向，他们主观意识相当强烈。一旦自己的想法或过失遭到别人质疑或指责时，他就会想方设法为自己辩解，为了掩饰内心的不安和保护自己。他们特别喜欢利用“绝对……”这样的字眼和语句，企图使自己的行为在别人的心中更加合理化。基于这点，我们就可明了，这种人所以有“绝对”，不过是在向别人坦白：“为了避免你怀疑我，我只好用这样的字眼肯定自己使你相信，这样做我没有办法。”由于这种人的想法都是以自我为中心，所以他们做事总是依自己的主观臆断，由于视野狭隘，他们往往想出一些不适用的幼稚想法，而且通常不会产生很好的效果。

可见，使用“绝对”的人，除了爱自己，还喜欢把“绝对”作为防卫性的借口。如果他们犯了错，“绝对”更是他们的挡箭牌。例如，“从此以后我绝对不再吸烟”、“从今以后我绝对不再犯错”，借立誓来使自己免受责备。所以不用想也知道，这种人的“绝对”不是真的绝对，他们的话是最靠不住的，因为他们十分清楚自己绝不可能不再犯，为了掩饰自己内心的真实想法，所以才在不知不觉中又说“绝对”来加以强调或欺骗。他们骗别人更是在骗自己。

“绝对”也往往是男女交往中的甜言蜜语，例如“我绝对不会离开你，除非我死”之类的话，当然这是为了表明自己内心的想法。双方在交往一段时间以后，为传达彼此深厚的爱情，也会使用“绝对”一词，但这与刚认识时信口表达的“绝对”是不同的，这时的“绝对”或许已成为一种两心相知的肺腑之言了。

# 常说“对啊”的人，处世比较圆滑

“对啊”这个词语是用来肯定对方说的话，表示毋庸置疑。交谈的过程中，没有人喜欢别人违背自己说话的意思，而这些喜欢说“对啊”、“就是你说的这样”的人，通常别人对他们都有好印象。他们和你说话，嘴上像是抹了蜜，表面上是一团和气，有着好人缘，但其实这并不一定就是他们的心里话。有时候他们是用“对啊”来迎合、讨好你，背地里却常常是为了自己的利益而谋福利，为人处世比较世故圆滑。

“哦，对啊，就像您说的那样。”“对啊，属实是这样呢，我也深有同感……”类似这些用来赞同或认同对方的话，会让你听起来感觉格外舒服，非常高兴地认为原来你们有着相同的看法。其实，讲这种话的人往往并不是发自内心、恭敬地认为你的话都是正确的。他们之所以常常将“对啊”这句话挂在嘴边，是因为这样可以拉近你和他们的关系，从而使他们的人际关系更加和谐。他们一心为自己着想，十分斤斤计较，希望可以得到更多的实惠。

在说话中善于迎合的人，对他人也有很好的观察力，往往能够体会到他人的情绪和想法，然后投其所好。这类人随机应变的能力很强，性格弹性比较大，往往不属于那种自我意识特别强烈的类型，他们通常比较善解人意，不会勉强别人跟随自己的想法走，不会强人所难，是绝大多数人口中的“好先生”，在为人处世方面多能如鱼得水、圆滑事故，在处理各种事务时都显得老练得当。自然，他们也相当精明，想让他们吃亏上当那可不容易。虽然表面上看来他们很好相处，但实际上他们有自己的主张，如果想让他向你妥协，那你可要费力气了。工作生活中，他们一般可以营造和谐的气氛，自己也可以成为大家欢迎的人，而且他们心中往往有一张关系网，广大而实用，这也被他们奉若至宝。

如果在工作中，你碰到这种类型的主管，那你就别着急高兴了。他们对你的意见大多会回答：“对啊，你讲得很有道理，不过……”听听他们“不过”之后的东西吧，那才是决策性的想法，他一般不会强制要求你按照他们的意思去做，但是如果你聪明，还是自觉屈服吧！因为他们一旦决定了，无论你再提出什么样的意见和建议，也都是徒劳。寸步不让的做法只会让他一反常态，与往日判若两人。

“对啊”一方面在给予对方肯定，另一方面却又以左右逢源的态度来敷衍对方。其实，他们对你提出的意见有时不屑一顾，甚至连反对都懒得开口说。

# 常说“我只告诉你”的人，更容易泄密

凡是会说“你千万不要告诉别人”、“别和别人说啊”、“我只告诉你一个人”的人，对其他的人也一定会这么说，所以很容易泄密。这样说的结果其实是“很多人都已经知道了”。说得更具体一些，就是因为他们特别喜欢宣扬一些自己所认为的秘密，会冲动地想把这些话告诉许多人，所以才会特别强调“别和别人说啊，我是看你嘴巴紧才说的”、“我只告诉你”等这些话。

类似这样的人若知道他人不知道的秘密，要其隐藏在心中往往并不容易，他们通常都有“去告诉别人”的冲动。其理由有：第一，别人不知道这件事，就他知道这个“秘密”，能把自己知道的“独家秘密”向他人炫耀，这对他来说十分有心理快感。第二，因为他自己一人保守秘密，心理负担太重，通常也想借泄密的方法卸下心中的重担，或者有时故意创造一些不小心“吐露嘴”的意外。另外，也有人故意向特定人物泄密，来博取对方的欢心。

常说“我只告诉你”的人，都有着神经质心理的，他们明知不该泄露，却又忍不住告诉别人。若他们所泄密的事情，只关系到个人，顶多只会破坏与当事人之间的情感；但若是公司或企业人士，泄露了非常的秘密，就有可能破坏了工作中重要的人际关系，不仅事关自己，还会影响到整个单位组织。

一个想泄密的人，即使朋友、亲友、上司再三交代“这个事千万别透露出去”，也因意志薄弱而泄密，或者在他们喝酒之后，在饭桌上，这种秘密早已成为公开的秘密了。相反，如果是嘴巴比较紧的人，也是性格上、精神上比较成熟的人，在泄露重要事项前，他们会事先考虑泄露的后果和严重性，以及对他人带来的影响，同时，也考虑人际关系有可能会恶化，以及对组织的影响，经过深思熟虑后他们一般不会泄密。

此外，在上班族的生涯中，有时候泄露秘密的内容也许无关紧要，但个人的隐私和有些微妙的人际关系，办公室往往会形成是非之地。是否会泄密有时会成为考验一个人人格的方式。那些口口声声说“我只告诉你”的人，其实早已经把这件事散布出去了，这早已是人尽皆知的秘密了，你最好听过之后一笑了之。

# 常说“所以说”的人，觉得自己像先知

我们经常会遇到一些人，他们总喜欢把“所以说”挂在嘴边。他们觉得自己就像先知一样，在事情刚开始的时候就已经预见了事态发展的结果，非常有先见之明。当你告诉他们事情结果的时候，他们通常会说：“看看，完全按照我之前说的发展下来了，我就知道结果会是这样，所以说……”他们总喜欢强调自己对事情的发展了如指掌，仿佛你给他们点阳光，他们就会“灿烂了”似的。

这类人绝对不会说：“是啊，您说得对，我也这么想。”他们总是说：“事情果真是这样了，刚开始我不是和您说了吗？所以说……”初听起来他们简直就是“先知”，是如此的善于总结，但深究起来却并不是这么一回事。他们通常善于表现，总是有意无意地展现自己，你想不注意都难。在团队中，无论什么活动，他们都努力出尽风头，为了表现自己，他们不惜插科打诨，吸引别人的注意力。工作中，他们也极力引起领导的注意，即使是明明不是自己擅长的工作，他们也要插上一脚，如果偏巧被他们做出点成绩，他们会毫不客气地以功臣自居。

可见，常说“所以说”的人最大的特点就是喜欢以聪明自居、自以为是、态度傲慢，他们总喜欢把功劳揽在自己身上，给点阳光就灿烂。

常把“所以说……”挂在嘴边的人，总觉得自己的话具有绝对的权威性，他们好大喜功，说话完全不顾虑对方的感受，总有一种咄咄逼人的感觉。如果你和他们交流，会因他们的这种态度而受到伤害。所以，他们很惹人讨厌，但自己却浑然不觉。这种性格有可能会受到领导的赏识，但常常阻碍了他与同事以及其他人之间的关系，因为他太爱表现，太爱出风头，所以可能常常抢了别人的风头，难免会引起其他人的妒忌和不满。一个团队里如果有一个人太喜欢表现自己，总觉得自己高人一等，未卜先知，那就相当于把自己与其他人的距离拉远。事实上他们并不觉得自己是个傲慢、令人厌恶的人，反而认为自己相当值得同情。因为他们得不到众人的认同和理解，周围的人都不愿意去倾听、了解他们的心声。

“木秀于林，风必摧之。”如果遇到这种态度傲慢，总拿别人的平庸衬托自己出色的人，想必，你一定对他极度不满。倘若是一个团队，即便他不会被排挤出去，那他也不会在团队中有好的人缘。

# 说“的确如此”的人的不同心理状态

不论是在工作环境中还是在私人交往聊天中，有一种人对于别人的意见，总是会连续发出“的确啊”、“的确如此”、“的确是这样的”等短句，好像一直都在扮演着专心的听者角色，不是点头便是连说“的确如此”、“属实是这样啊”，至于他们自己的想法则完全不加以描述，他们仿佛就是听者而不是发言者。这样的人其实还相当的多。他们到底是一种什么样的心理状态？我们可以一起来看一下他们的类型。

第一种类型是，对于你正在说的事情，既没有表达赞同或不赞同的意见，也没有特别流露出佩服的情感或表示感兴趣。“的确如此”或者“属实是这样啊”等词句，其代表的往往是相反的意思，他们既不认为的确是这样，但也难以找出依据来加以反对，其实一般是他们没有其他的选择了才那么说的。倘若在事后他们提反对意见的时候，你把他们那时的话“的确是这样”拿出来责备他们，他们多半不会承认，他们会说：“我什么时候说过了啊。”这样做，无非是透露了你的无知，其实，他们在说“的确如此”的时候，往往并没有赞同你的意思，是你会意错了。

另一种是，如果是亲密的好朋友连续说出“的确如此”、“的确是这样啊”等话语，可能是他对你所说的事情毫不关心，没有一点兴趣，或者他就是个寡情自私的人，除了自己的事，他对别人的事都不会太热心。遇到这样的人，你就要好好审视一下你们之间的关系了，或许你觉得密切，但对方并不是这么认为呢。

另外，如果是工作关系上的合作伙伴连续发出“的确如此”、“的确是这样啊”等句子，或许他是没有自信，或是知识浅薄的人，也许他们对你所说的事情根本就没有自己的想法，既缺乏相关知识，也没有任何可用的资讯。生活中，也有人夸张地大喊“的确如此”、“就是这样啊”等，会这么夸张地表示同意的人，多半是为了掩饰自己知识的不足，他们往往是以不懂装懂。

对于连续发出“的确如此”、“的确是这样啊”短句，却不发表自己意见的人，如果是工作的对象，你可以继续表达你的想法，就当作他们是全面赞成或者加大说服的力度，促使对方表示进一步的意见。如此一来，他最后想推脱责任都不可能了。如果是生活中的朋友或熟人，不妨劝他们打开天窗说亮话，直接问他们对这件事的看法怎样。

# PART 03

## 从说话习惯看背后真相

## 越表现忠诚，往往越不可信

如果你去市场逛一圈，你的耳朵会被“我不骗你，这东西真不错”、“骗你我就……”灌满。事实是，你很可能相信了他的鼓吹，买回了一堆“用着可气，丢了可惜”的东西。西方流行这样一句谚语：“当真理还在穿鞋的时候，谎言已跑出很远了。”要知道，当有些人觉得有利可图的时候，往往会选择将“诚实”挂在嘴边，当他们不停地念叨“不骗你”时，往往最不可信。

又到了发工资的时间，这次丈夫却只交给妻子一小部分，妻子问丈夫：“这次工资这么少，钱都哪去了？”丈夫眨了眨眼说：“最近公司效益特别不好，每个人都只领到一部分工资。”妻子说：“不可能啊，上午我还碰到你们部门的王经理，没听他说你们公司效益不好啊？”丈夫红着脸，有些着急地说：“你怎么不相信我？我什么时候骗过你？我是什么人你还不知道吗？”妻子没有相信丈夫的话，她佯装要给丈夫的领导打电话，丈夫无奈只好承认自己将工资都赌输了。

当一个人心里发虚想让你相信的时候，他会特别强调自己是“诚实”的，越是这样说，越体现了他内心的忐忑不安，底气不足。如果你在他表明自己是“诚实”的时候保持沉默，他会变得更加心虚，以为自己受到了怀疑。为了取信于你，他不停地提到“诚实”，和你赌咒发誓的，就像例子中的丈夫一样，他用了三个疑问句来表明自己是“诚实”的，殊不知，这些越描越黑的话正泄漏了他的不可信。对于心怀坦荡的人来说，他们做出了解释，心情就是轻松的，他不会再多说什么了。反之，如果总是唠唠叨叨地向你表明自己是诚实的，这样的人往往不可信。

仔细观察可以发现，总是把“诚实”挂在嘴边的人，经常说错话。他们的话经常前后矛盾，让你想不怀疑都难。其实我们每个人，都有在无意识中说出奇怪的话的经历。心理学家弗洛伊德认为，说错、听错，或者是写错等“错误行为”，都是将内心真正的愿望表现出来的行为。

一般情况下，说错话的一方都会找出自己是“不小心”、“不是真心的”等借口，他们会说：“我不骗你，是真的，我那样说是不小心的！”但实际上，那不小心说错的话，其实才是他真正想说的。这在人们的日常生活中，可以说是屡见不鲜。如果你的交谈对象是个常常会说错话的人，我们可以推断他们是习惯性地隐藏“真正自己”的人，也是个表里不一的人。而且，他们心中总很强烈地禁止自己把真心话表露出来。

“这件事绝不能讲出来”、“这事绝不能弄错，非小心不可”，当他们越这么想的时候，便越容易将它说出来。相信很多人在日常生活中，也会遇到类似的情形吧！越是被禁止的东西，越去压抑它，就越容易流露出来。

总而言之，暗藏在交流对象心中的许多事情，当他们越想要去隐瞒它、掩盖它的时候，就越容易说错话或做错事，无意之间让心虚表露无遗。

# 好用夸张说法的人，往往缺乏安全感

生活的语言要是用简单的颜色来划分，我们可以将它分为黑、白、灰三种。假设乐观的人用白色的语言：“好极了”、“太棒了”、“相当完美”、“最美的”；悲观的人用黑色的语言：“太糟糕了”、“太可悲了”、“失望透顶”、“最讨厌”，等等。那么剩下的灰色语言就是我们大部分人在日常生活中所应用的了。像黑、白这种极端的语言，由于没有中间过渡的灰色成分，我们把它称为夸张说法。

假设你在小区里遇到一个好用夸张说法的人，你说：“天气不错啊！”他通常会接你一句：“是啊，简直太棒了，从来没遇到过这么好的天气！”如果你和他聊起几年前你去看颈椎遇到了一个很讨厌的医生，那么他会说他碰到的医生比你遇到的糟糕一百倍。如果你表示知道一家火锅料理店很不错，他则表示他知道全世界最棒的火锅料理店在哪里。这种谈话过程让你痛苦无比，而他自己并没有意识到这一点。通常来说好用夸张说法的人，往往缺乏安全感或是希望受到他人的注目。他们十分渴望与人交谈，也想控制谈话内容和谈话者的行为。

他们往往会说：“那家餐厅简直完美极了，你怎么不去尝尝？”“那本书简直糟糕透顶，谁买它就是大傻瓜，你不会买吧？”……

好用夸张说法的人喜欢用这些极端的字眼来描绘事物，像“完美极了”、“糟糕透顶”、“简直是大傻瓜”，等等。有时候，他们不是想控制他人，只是因为那是他们看待事物的方式。他们通过这样夸张的字眼引起你的注意，逼得你不得不听他们讲话，与他们交流。通常情况，我们都不喜欢和这些好用夸张说法的人聊天，觉得他们说话不靠谱。由于缺乏与人沟通交流，他们容易对生活产生不满，也急于告诉他人这一点，越夸张越惹人避之不及，越没有沟通越感觉无奈。于是，他们总像是生活遭遇了重大打击一样。其实，他们需要的往往是你能坐下来，安静地听他聊一聊。

爱打断他人话题的人，也是想引人注目，渴望与人交谈的一种人。他们内心缺乏安全感又渴望被人重视，他很想抢走别人的风采，要大家都听他讲话，成为众人瞩目的焦点。他们会挑起一个毫不相干的话题聊个没完没了，或者拉住一个话题不放以便控制聊天的场面。他们不会认真聆听你的谈话内容，不会专注于你所讲的每一个字，有时候听了你的话他乐得不得了，非要插一嘴不可，或者是在紧要关节和你来一场唇枪舌剑，让你十分懊恼。这样的人多半没有恶意，他们给人的印象永远是快人快语。实际上，他们只是对你的谈话内容不感兴趣，或者是渴望与你交流，期待你的重视。

# 重弹老调是想引起注意，期待别人追问

你一定有过这样的经历：某一天你遇到一个不厌其烦、老调重弹的人，他的喋喋不休搞得你想插嘴都难，他沉浸在自己的世界里无法自拔。你有大吼“受不了了”的冲动，可是出于礼貌却不得不忍受……每个人都有喜欢的话题、爱讲的小故事或美好的回忆。除了年老健忘之外，经常老调重弹不顾忌他人感受的，一般是出于以下两个目的：他想避免谈话中断时的尴尬，所以用这些话搪塞过去；或是想确认你能收到他内心的信息，希望你能继续追问下去。

小丽是一个体重超重的女孩。在一次联谊会上，她一会和人大谈特谈自己 18 岁时苗条秀美的样子，一会又把那时的照片翻出来给大家看。看着大家都失去了兴趣才转向聊其他的话题，她又不止一次地提起自己 5 年前减肥成功的事迹。她说：“我那时候真胖啊，比现在还胖呢，有二百多斤，后来吃了减肥药又拼命运动，还真瘦了……”她的唠叨渐渐引起大家的反感，联谊会的气氛顿时尴尬起来。

从例子可以看出，小丽这样多次重弹老调无非是想引起大家的注意，对她的话题追问下去。话题的不断重复和这些明显的自吹自擂，表示小丽内心极度缺乏安全感，这可能是由于她体重超标引发的。她也很想被接纳，甚至不惜把话题引到女孩避讳的体重上。她利用这样的话题来确认大家接收到了她内心的一些信息，她想让大家对她的话题发问："怎么变胖了？怎么减肥成功了？"这些问题在她心中已经有了预设的答案，她很期待大家发问，这也表明她的内心很孤独。家里年迈的老人也常常有这样的表现，他们"拉不断、扯不断"，絮絮叨叨地重复着同一个话题。他们内心希望的是我们能像小时候听他们讲故事一样，在关键的时候表现极大的兴趣，追问他们："接下来呢？下面发生了什么？"

如果你遇到沉迷到某个话题无法自拔的人，不要试图打断他。从他的谈话内容中，你可以寻找到他内心的答案，究竟什么因素引起了他的焦虑、不安、困惑或者是欢喜和满足？不管原因为何，你要知道，他的思绪已经被一些事物完全占满，暂时无法容纳其他的事物。这些事情不会凭空消失，无法被忽略，这些看起来无关痛痒的事物，你的交流者却迫切地想让你知道，即使你明确地表示你已了解，也不一定会转移他的注意力。

# 常说太太不是的人，心中总感觉不满

西方人一般都会在他人面前称赞自己的太太，但中国男人往往不同，他们喜欢有些谦虚地数落太太的不是，因此古人称自己的妻子为“贱内”、“拙荆”，等等。当然，这种叫法在年轻一辈中已很少见了。

有些男人往往是故意指出太太的缺点，以这种表现来维持与他人之间的人际关系，一般是“你透露点太太的不是，我也抱怨一下太太的不是，大家彼此调侃一下”，所以听者完全不会相信这类贬低之词。

有些男人则不同，他们会把太太的缺点如实告诉别人，有时甚至夸大事实。尽管听者并不愿意听当事人说其太太的坏话，这位丈夫却刻意提及，不论对方是否问起，也要主动提及，狠狠批评。批评的内容包括太太的为人处世，待人接物，甚至包括身体上的缺陷，以及烹饪、洗衣、教育儿女，等等。他们一谈起太太来，可以无所不谈，与你推心置腹。他们仿佛不懂得，人不可能十全十美，总是苛求太太完美。他们有很多烦恼，总是感觉不到快乐。对太太更是“欲加之罪，何患无辞”，谈论的题材更是花样翻新、源源不断。

细心观察可以发现，常常说太太不是的男人，多因为以下两种原因：其一，是他在家中与太太相处不和谐，对太太心存不满，只好借着批评和牢骚来排解心中的烦恼。这种类型的人，并不会考虑你听后的反应。其二，是这类人对自己太太要求苛刻。他的内心强烈缺乏安全感和满足感，所以他才想在太太身上得到补偿。这些人忽略了太太的感觉。太太是一个成熟的人，对成年的人要求过多，自然会引起对方的反感，当然无法达到目的。夫妻双方都各有优缺点，而结婚本就是互补所短，以促进彼此的成长。但常说太太不是的人却无心努力，心中总感觉不满，所以喜欢对太太加以指责。

如果是领导类的人物，常说太太的不是，还特别喜欢选择女下属或女性朋友作为聊天对象的男人，一般都是有目的性的。这种人大约都只是轻描淡写地谈太太不是，女下属或女性朋友听了之后，就会妄下断言，认定其夫妻关系不和，而与其关系更加亲近，通常就造成了不可挽回的局面。再者，漫不经心地谈自己太太不是的人，是很懂女人心思的男人，他们的目的就是要借机靠近这些女人来博得她们的同情。他们认为这样做可以使自己的心灵得到慰藉，也可以填补自己太太的缺陷，他们也企图寻求短暂的满足。但事实上，若这种男人家中真有个“母夜叉”搞得家里鸡飞狗跳，恐怕他们也没有时间在外面拈花惹草。

总之，常说太太不是的男人，大多是无聊的人，他们在家里多半“衣来伸手，饭来张口”，戴着太太打好的领带，穿着太太熨烫好的衣服，却从来不知道满足。这类人常常欲求不满，所以感觉烦恼很多。

# 总强调家人声名，不会凭借自己获得成功

家人，是带给我们关怀、照顾和幸福的人；家人，前进道路上的精神支柱。可以说，家人在每个人的心中都占据非常重要的位置，然而，生活中的有些人，他们会不住地提及家人，但他们强调的不是对家人的爱及感激，而是因为家人有着显赫的地位或者很多的财富，他们口口声声强调的总是家人的声名或财富，充满着炫耀心理。这类人信奉“背靠大树好乘凉”，不想靠自己的努力，只希望借着家人的东风，平步青云。这样的人永远不会凭借自己的实力获得成功。

可以说，从一个人对家人、对家庭的态度就能够看出来这个人对生活、对工作的态度。有的人关心家庭、爱护家人，即使工作很忙，也会抽时间和家人一起吃饭。家庭是他们心灵的港湾，家人带给他们快乐，他们会以家人为骄傲，在和同事出游、和朋友谈心、和领导聊天的时候，他们言语间总会不自觉地说起他们自己的家人。这样的人，对待生活很认真、很乐观，对待工作自然也不会差，因为有家人在背后支持着他们。

而有的人，很少提及家人，你几乎不知道他还有个姐姐或者弟弟、妹妹。这样的人，一方面可能是由于其他方面的事情太多以至于忽略了家人，另一方面可能是因为受过伤害，例如，孤儿，或者父母离异，或者家庭不幸福的人。就前者而言，在当今社会，现代人承受着巨大的工作压力，他们也许会因为工作而缺少对家人和家庭生活质量的关注。

如果因为工作而忽略了家人的感受，即使在工作上再成功，也还是最大的失败者。几乎每个成功的人士，都会反复强调家人的重要性，他们对家人充满着爱与感激，可见家人在一个人的成功过程中起了多么大的作用。

我们如果想了解一个人，可以观察他在什么情况下提及家人，这与他对家人的态度、他对生活的态度是紧密相关的。有些人在外人面前表现得和蔼可亲、温文尔雅，而在家人特别是在配偶面前却很容易发脾气，在外工作不顺或受气后，把这些坏情绪转嫁给亲人，使亲人的身心受到损害。

每个人每天都要离开家去上学或上班，融入另一个社会群体中，他们与其他人的接触一定少不了。他们认为，在外面，不论喜欢不喜欢，无论面对什么人，他们不得不戴上面具，吞声忍气、卑躬屈膝、甚至装模作样。好不容易回到家里，终于可以舒一口气了。可是，他们却会在不知不觉中伤害了家人。他们会认为家人就应该接纳自己的所有负面情绪，帮助自己发泄，如果家人稍有微词，他们就会觉得家人不理解自己，就会对家人产生怨气。

与亲人一起的时候应该是人生中最美好、快乐的时光。对家人的付出也应该充满感恩的心情，多关注家人，多给家人以肯定。虽然大家都知道这些，可在现实生活中，有的人往往却做不到。例如，许多男人下班回来，无视太太为了小孩及预备晚餐忙得团团转，自己却跷起二郎腿看电视、读报纸。其实，这时先生如果对妻子说：“亲爱的，我跟孩子玩，让你专心做饭。”妻子心情自然会好，家庭气氛也可以温馨祥和。许多妻子一看到丈夫回家,就唠里唠叨,抱怨这个抱怨那个,丈夫也很不开心。其实,对于妻子来说,如果有什么伤脑筋的事要告诉先生,比如:屋顶漏了要翻修、临时有一笔庞大的开支、小孩成绩退步很多等,必须衡量时机,不要在他刚进家门、一天上班的紧张情绪尚未平静下来之前,就对他念念叨叨。

家庭的地位和工作都同样重要,只有那些重视家庭的人,才能拥有快乐的家庭生活,才会有良好的工作绩效。那些关注家人,与家人保持良好的互动,了解家人需要的人,才不会因为工作压力影响心情,才不会造成家人彼此之间的疏远。

# 开场白太长也会令人不耐烦

为促进相互之间的人际关系，大部分人交谈前都会准备一段开场白。的确，和对方见面时，如果不先说点引言就直接切入重点，可能会令人对自己的意图产生误解，从而产生戒心而不容易沟通。所以在商业交谈中，开场白是不可少的。

一个人开场白过长，听者不容易抓到说话的重点，不过是浪费时间，徒增焦急。但不知为什么还是有人喜欢把开场白说得很长。

首先，可能是说话者对听者的一种体贴。假如对方是个敏感仔细、易受伤害的人，直接谈到问题的重点，可能会对对方造成冲击，所以说话的人就刻意拖长开场白，以顾及对方的反应。另一种人则考虑若开场白太过简短，可能会导致对方误会或不悦，因而留下不好的印象。基于这种不安，所以延长开场白。

由此可知，说话者无非是为了更详细地表达自己的意思，所以才有很长的开场白。

开场白太长也会令人不耐烦，但有些人却矫枉过正，在面对领导、前辈时，害怕自己过长的开场白会使对方产生反感而遭斥责，所以不断地顾及对方的态度，这就太反常了。

此外，有人应邀演讲时，也难免会把开场白拖得很长，这则是为缺乏自信所做的一种解释。

为什么有人要利用开场白为自己辩解？

通常说来都是为了隐藏自己的不安，于是，有些人就会借很长的开场白来为自己辩解，所以，这种人应该说是小心翼翼的人。

# 谈话习惯不同，反映出的性格也不同

倘若你想了解一个人的个性，最直接的方式莫过于让他自己说出个性究竟怎样。可惜的是，人有时也未必真正了解自己，但是你却可以从其谈话的习惯来判断他。每个人都有其特定的谈话习惯，有的人谈吐幽默，妙语连珠；有的人却颠三倒四，废话连篇；有的人牢骚满腹，抱怨不断，等等，总之，谈话习惯不同，反映出的性格也不同。

一天，某酒吧来了一位妆容精细的女士。只见她迈着优雅的步子，径直走到有落地窗的位置。这时，服务生走过来说："对不起，小姐，这个位置有人预订了！您看，是不是可以换到另外一个位置！""什么？你要我换位置？你是怎么做事的？我就是喜欢你家这个位置才来的，每次我都坐在这儿的，还有今天这桌布怎么换颜色了？花的位置摆放的也不对……你们经理呢？给我叫来！"经理被叫来了，这位优雅的女士一直不断地对他发牢骚，足有半个多小时。经理不住地道歉，按照女士的意思更换了桌布，重新摆放了鲜花的位置。

从例子可以看出，这位优雅的女士十分苛求完美，小到桌布、鲜花、一个就餐的位置都要斤斤计较，牢骚不断。并且她在说话的时候，完全不顾及他人的感受，这充分体现了她比较苛刻，缺乏宽容别人的气度。事实也是如此，如果交流对象总是不停地对你抱怨，发牢骚的时间大于谈正事的时间，你就要小心了。因为你遇到的人追求完美，你如果和他们共事，他们对你的要求将会相当严格的，简直可以用苛刻来形容。但是对自己，他们却相当放松。“高标准，严要求。”这是他们给你提出的。你想让他们用在自己身上？想让他们设身处地地为你想想？还是别做梦了。如果有一天他们想改变自己的处境，也只是随便想想。他们更习惯安于现状，坐享其成，而不付诸实际行动。一遇到挫折和困难，就逃避退缩，把原因都归结到外界的因素上。

有人曾说：“人有两种表情，一种是脸上所显现的表情，另一种是从说话习惯传递给对方的信息。”所以语言是人类的第二种表情，我们是可以从一个人说话的习惯上看出一个人的性格的。生活中，你还可以看到另外一种人，他们说话拖泥带水、废话连篇。但和爱发牢骚的人不同，他们不敢大声地表达自己的不满，他们大多比较软弱，责任心不强，遇事易推脱逃避，胆子比较小，心胸也不够开阔，唠唠叨叨，整天在一些鸡毛蒜皮的小事上纠缠不清。虽然对现实的状况有许多不满，但缺乏开拓进取精神，并不会寻求改变，只是在等待，容易嫉妒他人。

所以，人类的语言不光能把想表达的意思传达给对方，透过不同人的说话习惯，我们还可以分析出他们的性格特点，可以说，每个人的语言习惯都是在日常生活当中不知不觉形成的，它是带着性格印记的。

# 说话速度快的人思想简单，没有心计

我们经常会遇到说话像放连珠炮的人，他们一张口，别人就没有机会说话了。这种人通常表现得很热诚、能说会道。其实，这往往显示了他们思想简单，没有心计。

说话像放连珠炮的人不仅说话速度快，而且音量高。这对于说话者自己来说，因为说话的速度过快，肯定没有足够的时间来思考自己话里的意思，也不去顾虑别人的感受和反应。这样，说话者本身泄露了太多的东西。很容易招致你的误解。此外，说话像放连珠炮的这类人将两个人的交流变为“个人脱口秀”，说话完全当你不存在，即使你厌烦他也没有用，他已经沉浸在自己的舞台不能自拔了。这些说话方式表现出这类人说得多、想得少或先说后想的单纯性和直接性。

通常，小孩子发现一件事情或玩得兴趣盎然时，也会不假思索、滔滔不绝地对家长或他人将自己的所见所闻全盘说出来，就像放连珠炮。他们完全不顾忌自己的语无伦次，急于表达自己的想法。有时候，小孩就是我们身边思想最单纯，也没什么心计的人群。

我们说话的目的就是通过语言表达让对方领会自己的意思，但说话像放连珠炮的人由于说话语速太快，你和他交谈，会追赶不上他的思维节奏，你会感觉很累。而如果你不能确切地把握其听到的内容，又会使得你们之间造成不必要的尴尬，甚至是误会。

在生活中，这种人都会因为雷厉风行和快人快语的性格，而容易收获他人的好感。但同时，他们也会因为说话不经过大脑、不顾及别人的感受而得罪人，或因表达不清、言语太多而遭人反感，所谓言多必失就是这个道理。

因此，我们在与说话像放连珠炮的人交流时，不要因为他们的话语带刺就觉得自己受伤，甚至误解或者记恨对方，也不要因为厌恶这种说话方式而回避他们。要知道，这类人往往最没有心计；他们思想单纯，值得交往和信赖。

# 背后议人是非者没有好人缘

生活中，有一些人总喜欢在人背后说三道四，还自作聪明地认为当事人不知道。心理学家经过调查研究发现，这些人其实为人大多刻薄挑剔。

王梅和李小玲是同事，在一个办公室工作。俩人关系不错。一天她们一起去打印材料。李小玲对王梅说："小梅，你知道吗？小张被辞退了。""你说清楚，哪个小张？"王梅睁大眼睛问。"就是公关部的张小雨呀。"王梅感觉十分意外，就问："她为什么被辞退了，不是一直表现不错嘛！"李小玲说："你还不知道呢，她啊，要学历没学历，要本事没本事。我听人说她是走后门进来的，仗着自己年轻、又有几分姿色，还不是被辞退，所以说女人啊，就得要点脸，多学点东西……"说到这里，她诡秘地一笑。李小玲自以为很聪明，殊不知，被辞退的同事正是王梅家的亲戚，当时的后门正是"王梅"。不用说，王梅的脸早被气得变了色。

从例子可以看出，那些背后议人是非者，都有其共同的特性：妒忌心强、刻薄挑剔。他们对于那些比自己能力强的人恨得牙根都痒痒。于是，就想方设法散布小道消息，搞臭别人的名声，并以为自己有多伟大似的。

常在人后说三道四的人，一般没有什么好人缘。有时候虽然他们也很想改变对自己不利的处境，但却懒于学习与人相处之道，他们也不相信“言多必失，祸从口出”的古训。相反，为了换取“谈资”，他们往往还成了“包打听”。平日里，他们最喜欢打听别人的秘密，从心理学的角度看，一个人知道了他人的秘密，要想长期隐藏在自己的心中是一件很难的事情，一般都有“知道了别人的一些秘密，要去好好炫耀”的冲动，进而就会把它当作好的“谈资”加以夸张、散布了。

有位哲人曾经说过：“距离产生美。”在人际交往中，保持适度的距离既是礼貌的象征，又是美感产生的前提。这种距离既包含个人心灵空间的距离，又包括与人交往尺度分寸。过多地打听别人内心的秘密，过多地在人后说三道四的人，往往都是品行不佳的人。

# 从不说别人坏话的人，往往都不可信

在生活中，你一定见过这样的人，你得势时，他追在屁股后面恭维你，仿佛愿意为你赴汤蹈火。但同时他也在暗中算计你，打压你，积累着一切对你不利的信息，作为有朝一日陷害你、取代你的制胜法宝。这样的人在平日里往往绝口不说别人的坏话，从不批评别人或在人前搬弄是非。

从不说别人坏话的人，有的确实是因为善良、宽容，看不到别人的缺点或者不好的一面，这样的人通常是名副其实的好人。不说别人坏话与是非的人，因为口风很紧，似乎很值得信赖，但是并不是所有不说别人坏话的人，都是好人。事实证明，从不说别人坏话的人，往往都不可信，他们并非看不到别人不好的一面，而只是为一时之便不说出口而已。

贾充是魏晋时期司马氏家族的心腹，司马炎称帝以后，对他分外宠爱，封他高官。贾充则对上谄媚邀功，对下拉帮结派，打压异己，朝廷内的正直人士对他无不深恶痛绝。

侍中任恺是治国之才，秉性贞良，也深为司马炎所赏识和器重。任恺对贾充十分厌恶，这使贾充内心十分不安，贾充总担心任恺会在皇帝面前揭露自己的真面目。于是，他就研究怎么将任恺从皇帝身边调走，当然不能说坏话，不但不说坏话，还要说好话。终于他想到了一个两全其美的办法：推荐任恺去给太子当老师。按照封建朝廷的制度，太子的老师不能过问朝政，只能陪太子读书，而太子是个白痴，给他当老师肯定是受累不讨好。于是，贾充向司马炎极力夸赞任恺如何忠贞正直，如何有才学，是给太子当老师的最好人选。司马炎接受了这个提议，但依旧保留他所任的侍中一职。贾充枉费心机，十分懊恼。

对于贾充的“好心”，任恺自然心知肚明，他决定“以其人之道还治其人之身”，好好回敬一下贾充的“好心”。恰巧此时西北少数民族袭扰边境，司马炎十分着急，决定派人前去平定，任恺说：“这是一件重大的任务，应当派一名德高望重、足智多谋的朝廷重臣前去。”司马炎问：“卿看谁可担当此任？”任恺说：“贾充！”司马炎同意了。贾充自然是不愿意离开朝廷。就在赴任之前，赶紧商量对策，最后终于决定：贾充同皇帝联姻，将他的那个貌丑而性妒的女儿贾南风许配给白痴太子司马衷。

贾充、任恺俩人最终还是留在了皇帝身边，但贾充不肯罢手，故技重施。又一次在司马炎面前称赞任恺人品好、才学高，为朝廷选拔官吏之事非他莫属。这一回司马炎觉得贾充说得在理，便任命任恺为吏部尚书。毫无疑问，任恺接近皇帝的机会大大减少了。于是，贾充便成天在司马炎身边诽谤，伺机造谣诬陷，终于使任恺丢了官。

从例子可见，不说别人坏话的人并不见得就是好人。有些人在和竞争对手斗智斗勇时，不会开口说对方一句坏话，当面不说背后也不说，不止不说坏话，反而还尽可能说好话，在上司面前替对手说好话。这样一来，即使对手失败了也想不到是他使得坏。一般来说，总是违心说别人好话的人，城府很深，他们懂得放长线、钓大鱼，所以，面对只会赞美而不批评别人的人，适度地心存怀疑或许比较好。像这样的人，往往一回到家里，便会对着老婆诉说着朋友或者认识的人的不是。

面对这样的人，不要急着将自己的心里话和盘托出。暂时以“好心”应对“好心”，以和缓的方式与他相处，等观察状况之后再做打算，才是上上策。

# 喜欢替人介绍的人，是渴望表现自己

“听说你明天要到外地出差，那儿正好有很多我的好朋友，你只要向他们报上我的名字，保证你办事会很顺利。”有的人就是如此，别人还未请他帮忙，就主动为人介绍朋友。

如果这位出差的人士靠这位朋友的介绍，得到当地朋友的特别照顾，同时借着这些人的面子和信用，工作确实开展得很顺利，甚至他们还体念你刚到陌生的地方，晚上带你四处玩耍，那么这种人的好意实在不错，但多半情形都是尽管你按地址找到了其人，情况却与预期的不同。

其中原因可能是因为被推荐人并不像介绍人所说的可以值得信赖，而且俩人也没什么特别亲密的关系，所以才会得到冷漠的待遇。

如果出差的地点是在国外，这个介绍人想发挥自己影响力的欲望也就更强烈，所以我们可听到他说：“喂！你这次是不是要到伦敦？你可以拿我的介绍信去拜访这个人，或者你到了纽约去找这个人……”如此一一介绍。

而当事人信以为真，拿着那封信拜访被推荐人，结果可能又和前述境遇相同，不但自己的希望破灭，对方也许根本不知道介绍人为何许人。这种人之所以如此热衷于帮别人介绍朋友，原因之一是这些介绍人可以通过为人介绍这一行为，来满足自己爱管闲事的冲动。他们特别喜欢表现自我。当然，他们一方面也是出于好意，理解朋友人地生疏；另一方面，也是向朋友表示他有不少知心好友，他很有办法。

但这些人的想法未免太单纯，因为他们既然要替人介绍，至少应该知道必须对当事人双方负责任。这些介绍人，表面上看来似乎很乐意照顾他人，本着“助人乃快乐之本”之心，事实上他们无法发觉自己并未尽到介绍人的责任，只是以此满足自己的虚荣心而已。

总之，喜欢替人介绍的人，往往是渴望表现自己的能力却并未真正替被推荐人考虑。所以各位不要把他们的行为和真正喜欢照顾别人混为一谈。

# 说话声音洪亮的人自信心充足

有些人天生一副大嗓门，说起话来掷地有声、高声大气。这样的说话方式常被人们用来表达召唤、鼓动、说理、强调等情感。激动的心情配合高声大气的说话方式往往可以表现说话者的激情、粗犷、豪放的性格。

说话声音大的人，大多脾气暴躁、易怒，容易激动，他们性情粗犷，为人耿直、热情，说话快人快语，不喜欢拐弯抹角、绕圈子。这一类人受不了委屈，如果你和他们争论某事，他们只要认准了，就会据理力争，直到弄出个“所以然”为止。他们是粗线条的人，有时会充当先锋角色，起到召唤、鼓舞的作用，但有时也会被人利用，而自己却全然不知。

《三国演义》中的张飞就是这类人的代表，他很受人们喜爱。他以豪放、勇敢、爽朗和耿直的品质深深地吸引着广大的读者。这个人物声如巨雷，目若朗星，具有浓烈的草莽英雄气概。在长坂坡一役，曹操率众军追赶张飞。张飞立马桥头，圆睁环眼，厉声大喝：“我乃燕人张翼德也，谁敢与我决一死战！”吼声如雷，将曹军部将夏侯杰惊得肝胆碎裂，跌于马下。曹操回马而走。这段有声有色的传奇故事，凸现了张飞粗犷的草莽英雄气质。

一般说来，说话声音高昂、洪亮的人大都有比较充沛和旺盛的精力，自信心充足，遇事能先发制人，以声气夺人。他们通常有一定的欣赏品位和鉴赏能力，待人热情、诚恳，气质优雅，能够吸引一定人的目光，并且有荣誉感。然而在生活中，我们还会遇到与之截然相反的人，他们一般口齿不清、声音小如蚊蚁，反应也有些迟钝。与这样的人交流，最初你甚至会有厌烦的情绪，因为你听不清他们要说什么，也理解不了他们要表达的意思，但等到彼此熟悉后，你会发现这类人往往心思细腻，意志坚定，而且才华出众，甚至会一鸣惊人。

说话声音小、口齿不清、反应较迟钝的人，通常有以下两种情况：一种人是在平日里语言表达不够精彩，但在关键时刻却能一鸣惊人，这表明他们心思细腻，有“内秀”，他们在某一方面往往有比较出众的才能，如果勤奋，一般很快可以成功；另一种人则是说话方面确实有些欠缺，他们也不太经常表现自己，往往注重少说多做，他们更习惯用实际行动去证明自己的能力。可见，这种人心思缜密、意志坚定。如，爱因斯坦 3 岁多了才开始说话，中学时代的他连许多测试都不及格，有时候人家问他叫什么名字，他都小声嘟囔，好长时间也答不上来。然而，他后来却成了伟大的科学家。

说话声音小、口齿不清、反应迟钝的人通常会给他人留下天生木讷的印象，但他们中的大多数却是心思细腻、笃志坚行、见解非凡，往往终成大事。这说明说话声音小、反应迟钝的人往往不是智商有问题，他们一般有较好的耐心，且内心活动丰富、善于思考。

由此可见，我们在与大嗓门或说话声音像蚊子哼哼一样的人交往的时候，不要单从他们的说话方式上判断对方，只有多了解、多尊重他们，才能真正走进他们的内心世界。

# 爱说“他凭什么”的人为人正直

一天，小雨和几个同事在单位午休，当她在网上看到花边新闻时，突然冒出来一句：“他凭什么呀？”同事以为网上又出现了什么爆炸性新闻呢，结果大家脑袋凑过去一看，不过是她的电脑蓝屏了。

生活中像小雨这样，无论遇到大事小情，总会大惊小怪地来一句“他凭什么呀”的人并不在少数。冷不丁地听到他们说“他凭什么呀”，你或许还会以为他们在和谁争辩，事实上，这不过是他们的一句口头禅罢了。一般情况下爱这样说话的人为人正直，什么事都喜欢打抱不平，只要遇到自己认为不合规律的事，他们就会觉得心里一紧，血往上涌，进而产生愤世嫉俗情绪，有些“愤青”的感觉。

虽然他们在平日里重复“他凭什么呀”有时是出于正直和爱打抱不平，但是他们总会给人一种神经兮兮的感觉，事实上他们这么说往往没有针对的对象，也不是挥舞大旗要为谁讨回公道，只是他们太感性，对公平和正义太过敏感，他们在重复自己的口头禅时，与其说他们是在和谁争辩，不如说他们是在强调和控诉。在与人相处中，这种人一般会活得比较累和纠结，因为无论什么时候什么地方，只要他们遇到自己觉得看不顺眼的事情就会插上一脚，或者停下自己的事去为别人愤愤不平。然而，事实上这个世界原本就不是绝对公平的，权利都是相对的，最终他们只会累着自己。无独有偶，这类人不光爱说“他凭什么呀”，还有人动不动就说“不信咱们打赌呀”，表面上看这种人似乎很自信，对他所要赌的事物有十足的把握，其实他们之所以这么说，只不过是想从对方那里获得赞同，从而确定一件事真的就如他们预料的那样。比如，老张刚刚苦着脸从老板的办公室出来，同事小刘就凑到了小林耳边说：“看老张这样子，准没有好事，看样子上次的事故真得老张负责任了，唉，没有后台就是不行啊，不信咱打赌！”小刘这么肯定地跟小林打赌，事实上，他更想知道老板会不会惩罚老张。如果老板真的惩罚老张了，那么他就赢了，不过这种赢会让他有点愤愤然，因为他好打抱不平，任何不公平的事都会让他不痛快。

这种类型的人自信，但常常盲目乐观，他们常常会为不平的事愤愤然，是个十足的愤青。

# 幽默是一种机智的表现

“二战”期间，艾森豪威尔前去视察一支陷入困境的部队。当时，他还是欧洲战场的盟军总司令。对于他的到来，美国士兵以热烈掌声表示了欢迎。他讲完话走下台时，一不小心摔倒在稀泥里，沾了满身的泥巴，士兵们见状，你看看我，我看看你，一言未发，这时，艾森豪威尔站起身后竟幽默地说：“泥浆告诉我，我对你们的巡视是成功的！”士兵们哄然大笑。

从上面的例子可以看出，掉进稀泥里的僵局是无法预料的，但艾森豪威尔却用幽默瞬间打破了僵局，缓解了尴尬。通过他的幽默语言，我们可以看到他的聪明机智，以及处变不惊的大将风范。他们随机应变能力强、反应快。因自己出色的表现，很可能会成为受人关注的对象，这正好迎合了他们的心理，他们希望得到他人的注意与认可。豁达是这类人蕴涵的另一种重要品质。这类人凡事乐观，即使身陷绝境也会看到希望，而不是整天悲悲戚戚、愁眉苦脸。他们的宝贵经验是“天塌下来个高的顶着，大不了就怎样怎样”，而不是自怨自艾、斤斤计较。

平日里他们喜欢多想想自己的缺点和无能，经常自我嘲笑，而不是“我是最棒的，想怎么样就怎么样”，盲目逞能好胜。

可见，幽默是一种机智的表现，它不仅需要丰富的知识，还要拥有宽广的心胸，善于体谅他人。要知道，尴尬和僵局在我们的工作和生活中是无处不在的，如情侣约会的时候、应聘面试的时候、主持会议的时候、和陌生人同乘电梯的时候……许多意想不到的事件，人们常常会陷入尴尬和僵局。这种时候，有些人会表现得十分失态，尴尬万分；有些人却能轻松化解、幽默面对，用机智来打破僵局，让人松一口气。这些善用幽默打破僵局的人，大多数反应能力比较强，如果感觉到某种不和谐的气氛，他们往往会选择用合适的话语来打破僵局。这不仅能使当时的气氛得到缓和，一般还会使尴尬或气恼的双方都有台阶可下。一般来说，他们观察事物的能力强，心胸开阔，不拘泥于小节，而且具备机智、敏捷的判断力。

因此，幽默一直被人们奉为只有聪明人才能驾驭的语言艺术，而幽默的最高境界又被称为“自嘲”。能自嘲的人才是智者中的智者、高手中的高手。自嘲是缺乏自信者、心胸狭隘的人不敢使用的技术。因为它是要自己嘲笑自己，要拿自身的失误、不足、生理缺陷来“开涮”，往往不能回避自己不美好的地方，相反还要对它进行夸大，让更多人来观看和了解。因此可以说，善于自嘲式幽默的人，首先应具有一定的勇气，敢于进行自我嘲讽。这不是所有人都能做到的。他们要心胸宽阔，能听进他人的意见和建议，并且能够经常自省，喜欢做自我批评，寻找自身的错误，并加以改正。

总而言之，一个人没有豁达、乐观、积极的心态和胸怀，是无法用幽默化解僵局，更无法通过自嘲的方式来达到自圆其说，博众一笑的效果的。

# 只作表面判断，将结论传给别人最不可信

生活中，我们常常可以遇到这样的人，他们对于人或者事物的评价，经常变换，“一会儿这样、一会儿那样”不可以信赖。

“我告诉你啊，王小姐人真的很不错啊，虽然和她只见过几次面，但觉得很有话题呢。她真是个很好的人呢。我想追求她呢，中午吃饭的时候我和她坐在一起，到时候你来找我就看到了。”听同事张松明这么强力推荐，晓梅中午特意到食堂找到了张松明，并见到了他口中的大好人王小姐。晓梅当时的印象并不觉得王小姐有什么特别，她看起来只不过是十分腼腆的人，并不十分爱说话。过了几个月，晓梅问张松明：“你和王小姐还经常联系吗？最近和她的关系有进展没？”得到的回答却是：“得了，甭提了，那个王小姐啊，只是表面文文静静的。其实啊，那个人，我是没办法和她交朋友，她的个性十分古怪，干工作偷奸耍滑，现在已经很久没和她碰面了。”

像张松明这类型的人，对于仅见过几次面、闲聊过几句的人，便会很轻易地做出评价，给人很好的评价。也就是说，他习惯只作表面

的判断，对于其他人的评价也会照单全收而不去作理性的分析，并且还喜欢轻易地将这样的结论传达给别人。这种类型的人在生活中其实还相当多，如你的同事每天都在和你抱怨工作有多么乏味，多么累心，还不如早日辞职的好。当你辞了职真的不干了之后，下次见面她却说："你咋不干了啊？公司待遇也不错啊，什么节假日都照休，年底还有奖金。"这时，你的额头不出汗珠子才怪呢。所以说，那些一会说不干了，要辞职，一会又说辞职了也找不到好工作的人，最好离他们远点，这样的人最不可信。

生活中，还有一些道德品质不高的推销员也惯用这样的手段，"上次我推荐的那个东西，你咋买了呢？那天那么多人我没好意思说，那款排油烟机效果并不好啊！""你是我的老客户，咱俩这么熟悉，我告诉你一个比那个更好用的排油烟机好了。"他在骗了你一次之后，又开始厚着脸皮，推荐另一款了，对于自己推荐了不好的东西给别人，竟然没有丝毫的愧疚感。

像这样的人通常最不值得信赖。这样的人一般有两种类型：一种是单纯的老好人，很容易相信自己的第一直觉，也容易相信第三者对于人、事、物的评价；另一种人是有所企图或怀抱着复杂的想法，往往夸大其词地说"她这个人不错"、"这个东西真的很好用"的类型。

不论是哪一种类型，如果你的身边有这样的人，当他向你推荐什么时，不要一下子就全部接受，而是要多花一些时间进行观察、分析后再作判断，这样比较保险，也可免去日后的麻烦。

# PART 04

## 从借口判断性格

# 由辩解的理由看人格

如果你是一家公司的经理，当你批评下属没有按时完成工作的时候，你的下属一般会怎样辩解？他们一般会这样说：“对不起，我把工作部署给实习生小李了，谁知道他没做完就放一边了。”“对不起，这是我的错。”“嗯？晚了吗？没有吧？”

实际上，通过不同人在辩解时所找的理由，我们可以判断出一个人的性格。上文的回答正体现了“外罚型”、“内罚型”与“无罚型”的三种人格。

“对不起，可是……”一般以这样的方式进行辩解的人，属于“外罚型”的人格。他们习惯把责任归咎于他人或者埋怨客观情况。表面看似乎他们道了歉，承认了错误，实则没有。“可是”后面才是他们真正要阐述的原因，他们总是强调客观理由。比如：“对不起，可是我是按照公司规定办的！”“这事不是我负责，早就交给谁谁了！”这类人头脑比较灵活，借口很多。他们平常喜欢阿谀奉承，等出了状况能推就推，恨不得脚底抹油——溜之大吉。需要他们背负责任的时候，他们会很自然地找个借口将责任推给别人，这样的人也难保不说出背叛朋友的话。因此，他们和同事的关系会比较紧张，讨厌他们的人也很多。

“对不起，这是我的错。”一般直接承认错误，将责任包揽下来的人，属于“内罚型”的人格。他们大多会主动承担责任，即使过失在别人那里，他们也会先扛下来。正因如此，他们通常是同事心中的“大好人”，他们做事往往一丝不苟，态度端正。他们在人际交往的过程中懂得不遗余力地做好感情投资，所以他们常常收获好人缘，也容易得到别人的帮助和支持。但是美中不足的是，他们在面对生活压力时，往往表现得不那么得心应手，他们的抗压性不强，也易变得沮丧。

“嗯？错了吗？不是吧？”一般错了也不知道错在哪儿，也不会把责任归咎于任何人的人，属于“无罚型”的人格。他们既不会把责任推给别人，也不会将责任揽到自己身上，他们总给人一种小糊涂神的感觉，终日一副懒洋洋的态度。他们讨厌竞争压力，总是按照自己事先计划好的程序办事，工作的热情也不是很高。平日里，即使明知只是举手之劳就能换来别人的感恩戴德，他们一般也不会主动去付出。“不求无功，但求无过”，这种得过且过的态度，使得同事对他们的评价并不高。

# 常以本来是想为借口的人习惯选择逃避

你听到门铃响，打开家里的大门，发现朋友两手空空地站在门外。他红着脸说："本来是想买点水果的，可是超市的水果都卖完了。"听到这，你会安慰道："都是朋友，别那么见外。"说这话时你一定憋着笑，心想，这人真有意思，三天两头来还这么好面子。其实，你的想法很正确，经常以"本来是想"为借口的人往往有很强的自尊心。

在公司里，我们也常常听到类似的话，例如领导说："已经晚了两天了，再不交可要扣工资了。"这时，你听到同事小声地说："对不起啊，领导。我本来是想今天交的。"说这话的人虽然承认了自己的过错，但是却没有承担责任的意思，这也和前文提到的"内罚型"有着明显的区别。习惯以"本来是想"为借口的人多半自尊心很强，当领导批评进程慢的时候，他虽然心里知道错了，但他不会坦白"自己没做好"，他心里觉得"只是慢了一点而已，我不是没能力"。

如果领导在看完他写的报告后指出："这里，还有这里都需要修改，按照公司的新条例修改后再拿给我。"面对领导的指正，他即使心里认可，嘴上还会小声地嘟囔着：“我本来是想那么写的。”可见，这类人不喜欢别人对自己的工作多加评论，他也不会认真听取别人甚至领导的意见，有时候被逼紧了，他在心里还把责任归咎于别人身上。他有很强的自尊，即使明知道是自己能力的问题，他也会先找客观理由为自己开脱。但是在面对领导的时候，这种人还是没有足够的勇气反驳，他会小声嘀咕，会在心里说：“本来我是想那么做的，还不是因为王姐说那么做不可以？”

每个人都是在被他人指正和反省的循环中成长的。常以“本来是想”为借口的人往往自尊心很强，他们在面对批评建议的时候，习惯选择逃避。这样的人内心不够强大，总觉得别人是在苛求他们。如果领导对他们一下子提出很多批评和改正建议，他们一般在心理上很难接受。如果领导逐步地提出改进的要求，情况会有所改观。由于他们自尊心比较强，一般在他们接受了第一个要求后，面对第二个要求，他们一般不太好意思拒绝。与此类似的还有一种人，他们常常以“平常应该……样”为借口，如果领导批评下属晚交了工作报表，这类人通常会说：“晚交两天很正常，平常得晚半个月呢！”生活中，这样的人也随处可见，如有的酒鬼被人批评过度饮酒不好，他会说：“我喝这些很正常，平常比这喝得还多呢！”他们通常很自大，总是标榜符合自己的常识，并以此麻痹别人。

# “我不打算找借口”没有诚意

“都是我不好，真对不起，你不要生气了！”大街上，一个男人正一脸内疚地给女友道歉。女人看到男友这么诚恳地认错，她不住地说：“行了，行了，我知道了，别内疚了。”由此看来，诚恳地致歉，不找任何借口是很容易让人接受的。

可是，如果换成另外一种道歉方式，听的人的感受会截然不同。“我不打算找借口……真对不起啊……”虽然说话人也道了歉，并且表明自己没有打算找借口，但是听的人还是会觉得说话人没有道歉的诚意。道歉人的潜台词分明是：“这也不能都怪我，我这样做是有原因的，我有话想说。可是，一旦说出来又显得我不够诚恳、不够老实。算了，我还是不说了。”如果朋友在和你道歉的时候一再强调“我不打算找借口”、“本来我也没有打算找借口”，相信你一定很生气，你会忍不住地对他咆哮：“什么叫没有这个打算？你有什么想法就直说，不要兜圈子！”实际上，把“不打算找借口”挂嘴边的人往往不会老实道歉。明明知道道个歉、认个错就没事了，他非要多说一两句，结果总是事与愿违。

还有一类人在犯错时会如此辩解：“真对不起，可是我是为你着想才这样做的啊！”这也是不会老老实实道歉的人，明明知道错了，却把责任引到对方的身上，他们希望自己得到对方的感谢，借此得到对方的谅解。他们心里的潜台词是：“要不是替你考虑，我也不会这么做，所以我犯错了你也要负一半的责任，你更是不能责怪我。”会这样说的人犯错了不会老实地道歉，这样的人性格懦弱。平日里，他们也总是牢骚满腹、怨天怨地。

“果然躲不过你的眼睛，我当时就想呢，我要是这么做了，保不准你就不能满意，好了，你说哪不对，我一定改到你满意为止！”如果犯了错的朋友这么和你说话，相信即使你窝了一肚子火，也一定会被他的油腔滑调给逗笑了，自然不再生气。你的朋友属于靠说好话来道歉，获得原谅的一类人。表面看他承认了错误，实际上他只想稳住你，他十分聪明，懂得揣摩你的心理，说话办事都懂得投你所好，他知道说好话可以平息你的怒火，于是卖力地迎合你。他不是性格刚正之辈，却十分擅长做表面功夫。

# 夸大不利条件的人挫败感很强

一般来说，人在失败或是犯错之后才会找借口为自己辩解。可是有一部分人在做事之前就慌忙找借口。如，参加考试之前，甲同学问：“乙，你复习得怎么样啊？”“不行啊，我最近身体一直不舒服，挂了两个星期吊瓶了，耽误了不少课程，这次惨了！”乙带着哭腔说道。

像乙这样的人对自己的学习状况缺乏自信，总担心考砸了或发挥失常被同学取笑怎么办。于是，他事先向甲同学强调“自己最近身体状况不好，耽误了课程”等外因，这也是在暗示甲“就算是没考好你也不能笑话我”。这种事先强调不利条件的人往往非常在意别人的看法。如果让他承认自己是因为学习能力差而考砸了，那他会有很强的挫败感。

小王是个钓鱼高手，每次去钓鱼他都满载而归。这天单位组织钓鱼比赛，可是大家一直找不到小王，临近比赛，小王才满头大汗地跑来，面对众人的疑问，小王说：“昨天喝得太多了，刚刚才清醒。渔竿也找不到了，这个是和邻居借的，也不知道行不行啊？”

乙同学和小王同属于一类人，这种人头脑聪明、口齿伶俐、虚荣心很强，他总喜欢将一件事很夸张地渲染，希望通过这种方式吸引别人的注意力，从而更好地表现自己。他处理事情深思熟虑，足智多谋，但个性也像水一样，虚而不实，让人难以捉摸。他最关心的就是自己的地位和在别人心目中的形象，他无法接受被轻视，如果你说“您不知道”、“可这很好懂”之类的话语，他会感到很受伤。

与之相反，还有一种无视不利条件的人。例如，假设你是公司的老板，你需要下属在半天之内拜访两位客户。一位是公司的老客户，脾气很好，对人热情。一位公司新发展的客户，脾气很坏，性格怪异。你的下属通常会先选择哪个客户去拜访呢?

通常，大家都会先去拜访脾气好的客户，然后再想想怎么去见脾气怪异的客户。不过，也有人不这样认为：“反正怎么也躲不过，索性先去见那个讨厌的客户。”可以说，这种无视不利条件的人勇于面对挑战，他们明知道困难一定存在，还会义无反顾地去做。如果这样的人成为你的下属，再棘手的问题交给他们，他们也不会事先向你抱怨不利条件。他们会脚踏实地去做，不愉快的经历和不愉快的情绪会被他们封存。他们总是积极乐观，独立意识也较强，不喜欢依赖别人。他们乐于从事那种很快就能见到成果的工作，比较看重自己所获得的成就感。而且，他们不喜欢那些轻而易举就得到的东西，那样会使他没有成就感。生活中，他们时刻表现得都比较独立，一般不在乎别人对他怎么看，也不习惯别人对他有太多的关心和照顾。

# 常常自我安慰的人很自负

《伊索寓言》里有这样一个故事：一只狐狸看到成熟的葡萄垂涎三尺，可是它想尽办法都够不到葡萄。它渐渐失去耐心，有点气急败坏，失望之余说："那些葡萄想必是酸的。"于是飞奔离去。

这就是"吃不到葡萄说葡萄酸"的由来，故事里讲的现象在心理学上被称为"合理化"。所谓"合理化"是指想做的事情没能如愿以偿，为了弥补欲求不满，人会用对自己有利的理由来自我安慰。没能吃到葡萄很惆怅，于是便用"看样子葡萄就是酸的"来安慰自己。

大林很喜欢小月，为了追求小月，他每天打水送饭，隔三岔五地送一束玫瑰花，可无论他怎么用尽方法就是打动不了小月的心。他只好放弃了追求小月，他想："小月还不是正式员工，薪水也不高，家还是外地的，以后就算在一起了负担也很重。"同事看到大林不再对小月献殷勤，就问："是不是被美女踢了啊？最近怎么不送小月花了？"大林说："小月太任性了，就算追到手以后相处也不能长久！"

其实，不只是大林，无论是谁得不到想要的东西时都会有意无意地找对自己有利的理由宽慰自己。例如，参加朋友的婚礼，在我们忙于祝贺的同时，总会听到有些人在下面议论一下新郎新娘是否般配，属不属于郎才女貌之列，也总是能听到一些人在叽叽喳喳地说："好汉无好妻，懒汉娶花枝。"新郎如果是帅小伙，新娘子是美女之类的，人们称为郎才女貌；新郎很帅，而新娘子一般，便是好汉无好妻了；新郎如果不帅，新娘很漂亮，就要划为懒汉娶花枝之列了。听起来似乎有点道理，但细品却找不出真正能立足的根据来。像好汉无好妻之说，听起来就觉得有些别扭，有些人自认为长得帅、油头粉面的就是好汉了，他们总觉得："别人怎么找了那么漂亮的女友，我这么帅这么优秀怎么遇不到这样的好事呢？"他们总是在感慨："现在没有好女人了，这么漂亮的女孩还不是看重了钱，我要是像某某那么有钱，肯定能找一堆比他老婆还漂亮的女孩。"这样的想法，无非是"吃不到葡萄说葡萄酸"的心理在作怪。他们很自负，从不认为自己没找到漂亮女友是因为自己长得不够帅或是能力不够，而总觉得"漂亮女人都不好，都看重钱"。这样酸溜溜的想法使他们暂时得到了安慰，使他们能够放下这件事，然后迈出下一步。

工作中，我们也常常遇到这样自我安慰的人，比如，和一个公司洽谈了很久也没能签订单，这时，有人就会说："那个公司规模很小，其实不签订单未尝不是一件好事。"某人谈了一个项目许久未果，也许他会说："那个公司的老板以前从事过不正当的生意，人品有些问题，这个项目没谈成我看没准还是好事呢！"

总之，生活中拥有这样酸葡萄心理的人不在少数，我吃不到你，我也绝对不会告诉别人你是甜的。通常这样想的人很自负，他们认为自己的骄傲不容许别人轻视，说"葡萄酸"无非是为了安慰自己，找回点自尊。

# “站在别人立场”的人不重视自身的感受

从小父母就教育我们，凡事不能光想着自己，有好吃的要分给别的小朋友，要设身处地帮助其他的小朋友。凡事要多站在别人的立场看问题，这也是人与人交往约定俗成的准则，不管是否遵照，起码大家心里都知道这个道理。

一般情况下，没有人会把“站在别人的立场想想”挂在嘴边，但也有例外，例如，“你以为我有几把手啊？我都忙得脚打后脑勺了，你就不能考虑一下别人的感受，站在别人的角度想想。”“请你别纠缠我，我从来没有喜欢过你，你就不能设身处地替别人想想吗？”……

联系上文的情境来看，这些所谓的“站在别人的角度想想”的话已经脱离了它的原意。这些冠冕堂皇的话都是在给人扣帽子，大家心知肚明，这里的“别人”指的正是说话人自己。那么，我们可以将他说的话按照本意来替换，他等于是在说：“请站在我的立场想想。”由此可见，尽管说话人好像在强调站在别人的立场、角度考虑问题的重要性，实际上却把话题转向了对自己有利的一面。从这可以看出，经常把“站在别人的立场想想”挂在嘴边的人过分地关注自身的感受，并不一定是在为他人着想。尽管他偷换了一个关键词语，但我们仍然可以通过联系语境体会出他说话的本意。

所以，分析判断人的语言，是洞察人的心理奥秘的有效手段。语言是一种现象，人的欲望、需求、目的是本质。有些时候，语言被人们刻意地披上了美丽的外衣，如果细心，我们是可以透过这些语言华丽的外表看清本质的。例如，“这么做不是很好吗？”表面来看，句尾语气上扬一般都是表示疑问和询问。然而在此处，“这么做不是很好吗？”并不是在征求对方“好不好”，而是有把自己的意见“很好”强加给别人，在这里，这样的语气反而给人一种不容分说的感觉。

如果你和别人正在交谈，他忽然冒出一句“我抽支烟你不介意吧”，这其实不是在征求你的意见，他是在确定你的认同。如果是征求意见，他会说：“我能吸支烟吗？”不仅如此，有的人还把这用在对自己的评价上，如“我不是很霸道吗？”这句话的潜台词就是“你也知道我有时候就是很霸道”。一般来说，这样说话的人习惯把自己的意愿强加给别人，他比较任性，认为“我说什么你只有听的份”“我喜欢的人，你也该喜欢才对”。也正因如此，他很难让自己融入到周围人的圈子，别人对他的评价永远是自私自利。

# PART 05

## 关注谈话时的神态

# 几种暗示性动作的意思

假如你是小学老师一定深有体会，在快下课的时候，班上的那些“小麻雀”早就没了耐心，他们往往一边听着你喊着：“不许做小动作，好好听讲！”一边自顾自地把玩橡皮、摸摸铅笔。他们在心里默念着倒计时，翘首期盼下课铃声响起……做这些小动作，他们只是想尽快结束一堂课，不再听你的长篇大论。生活中也是如此，有时候对方明明觉得你的谈话毫无趣味，太啰唆，和你谈话不会有任何结果，但是出于礼貌，他们一般不会指着你的鼻子叫你闭嘴，他们会用一些明显的暗示性的动作来提醒你：尽快结束谈话，赶快拿包走人吧。

**1. 单手撑住整个侧脸**

你的长篇大论使他睡意来袭，他为了避免被你识破只好用单手撑住侧脸，告诉自己：“不要睡，不要睡，再坚持一会儿，快结束了。”有时候他甚至想用手指撑开眼皮，他这是在明示：“我都听困了，我真想结束这场谈话啊！”如果这个时候，你还不管不顾，相信他一定在心里骂你“没长眼睛”。

**2. 眼睛不时向门口张望**

一个人的视线总是会追随着自己感兴趣的东西。如果你没站在门口和他交谈，门口也没有人在进进出出，而他却总是不停地向门口张望，这表明你已经把他逼到想夺门而逃的地步了，他们想尽快结束谈话，远离你的噪音污染。

**3. 用手抓耳朵、拨拉耳朵**

俗话说“非礼勿听”，就是想防止不好的事情被传进耳朵的意思。小孩子不想听父母唠叨的时候，也会用手拨拉耳朵、抓耳朵或者干脆用手掩住耳朵。和用手抓耳朵用意类似的动作还有摩擦耳背、掏耳朵，等等。在这里，如果谈话对象对你做出了这样的动作，表示他已经听够了、不想再听，他想尽快结束谈话。

**4. 喝水、吃东西**

他们会通过喝水、吃东西等动作来干扰你讲话，他们会把东西咬得嘎巴嘎巴响，喝水也会喝得呼噜呼噜的。这样做表明他们已经对你的长篇大论忍无可忍了，你再不结束话题，他们都有朝你丢杯子的冲动了。

**5. 晃动双脚，双手往后撑**

如果他晃动双脚或是轻轻敲打双脚，这表明他已经不耐烦了或厌倦了。晃动双脚，双手往后撑是他已经感到累了的象征，他这是在做逃跑的动作，这个姿态的意思是:“你说得不累吗？我听得都快累死了。赶快结束你的废话吧！我不想和你待在这儿了。”

在你了解了这些小动作所暗示的信息后，当你面对某人，无论你的谈话欲望有多强烈，如果你看到他一面在听你说话，一面做着这些小动作，你就可以判定他还有其他事，心已不在你这里，快把他放走吧！

# 交谈姿势的心灵暗示

人的姿势一般分为坐姿、站姿、走姿、睡姿，等等，一个人的姿势往往会体现出心灵的暗示。与人交谈中，我们可以从他坐的方式、坐的姿态、坐的距离或者站的角度、站的方向等不同的身体语言，来窥探出一个人的真实意思，了解一个人心理的动向。倘若在交流的过程中，谈话对象摆出了与众不同的姿势，那就表明他想告诉你：“我有话说，我想谈一下自己的想法！”

**1. 自信思迁型的坐姿**

如果谈话对象对你摆出这种与众不同的姿势，代表他们想发表自己的意见了。他们通常会将左腿交叠在右腿上，双手交叉放在腿内侧。他们具有较强的自信心，特别坚信自己对某件事情的看法。如果他们与你发生争论，可能他们并没有在意与你争论的观点的内容。他们只想表达自己的想法，对你的话完全没有在意。

他们天资聪明，总是能想尽一切办法并尽自己的最大努力去实现自己的梦想。虽然也有“胜不骄，败不馁”的品性，但当他们完全沉浸在幸福之中时，也会有些得意忘形。这种人很有才气，而且协调能力很强。在他们的生活圈子里，他们总是充当着领导的角色，而他们周围的人对此也都心甘情愿。不过这种人有一个不好的习性，喜欢见异思迁，常常是“这山看着那山高”。

**2. 投机冷漠型的坐姿**

这种人通常将右腿交叠在左腿上，两小腿靠拢，双手交叉放在腿上。他们通常看起来觉得非常温和可亲，状如菩萨，很容易让人亲近，但事实却恰恰相反，你找他谈话或办事，一副爱理不理的举动让你不由得不反思：“我是否花了眼？”你没有花眼，你的感觉很正确，他们不仅个性冷漠，而且性格中还有一种“狐狸作风”，对亲人、对朋友，他们总要向人炫耀他那自以为是的各种心计，以致周围的人不得不把他们打入心理不健全的类型。他更不会听进去你说的只言片语，他只想发表自己的想法。他做起事来总是三心二意，并且还经常向人宣传他们的“一心二用”理论。

**3. 开放型的坐姿**

开放型的人坐着时常常将两腿分开距离较宽，两手没有固定的放处，这是一种开放的姿势。他们喜欢追求新意，偶尔成为引导都市消费潮流的“先驱”，他们对于普通人做的事不会满足，总是想做一些别人不能做的事，或者不如说他们喜欢标新立异更为确切。如果你和他们交谈，他们表面会是一副认真聆听的样子，但是思维早已不知游走到什么地方了，他们最喜欢你静下心来听他们侃侃而谈。

这种人平常总是笑容可掬，最喜欢和他人接触，而他们的人缘也确实颇佳，因为他们不在乎他人对他们的批评，这是别人很难做到的。从这一方面来说，他们很适合做一个社会活动家或从事类似的职业。

**4. 古怪型的站姿**

古怪型的人常常将双脚自然站立，偶尔抖动一下双腿，双手十指相扣在胸前，大拇指相互来回搓动。这种人的表现欲望十分强烈，喜欢在公共场合大出风头。倘若你和他们交谈，给他们耳朵认真听就行了，他们不会给你机会插嘴，只想发表自己的意见。

他们喜欢争强好胜，容不下别人。如果大家都说太阳是圆的，他们一定会说是方的；若大家都说是方的，这种人肯定会问大家："太阳怎会是方的呢？"他们不是愚蠢，他们十分聪明，大家都不能把井里的月亮捞出来，他们就行，不信？他们用一个洗脸盆就办到了。

**5. 抑郁型的站姿**

抑郁型的人通常是两脚交叉并拢，一手托着下巴，另一只手托着这只手臂的肘关节；这种人多数为工作狂，他们对自己的事业很有自信，工作起来十分投入。废寝忘食的行为对他们来说是家常便饭，自己的另一半更是经常被冷落在家，幸亏他们的伴侣多是理解型的。

这种人更为引人注目的是他们的多愁善感，从他们丰富的面部表情就可以显示，他们是那么容易喜怒无常，甚至，在他们的言行中也表露无遗。刚才还在与你喜笑颜开，夸夸其谈，突然脸色沉了下来，一句话也不说，最多时，不时地在你们的谈话中苦笑一下，显得很深沉的样子。他们有很强的表达欲，只是有时候忽然不知道从哪开口说起，其实他们很想表达自己的想法。他们对这个世界倒是很具有爱心，可以经常看到他们的奉献精神。他们也很坚强，一般不会向人屈服，也不会由于重重摔了一跤，就不再继续在充满泥泞和荆棘的道路上前行。

## 说话语句间隔和缓急变化的重要性

某公司下午紧急召开会议，公司负责人中午却喝多了，他摇摇晃晃地掏出秘书午饭期间赶出的发言稿，大声地朗读起来。读到一段话的末尾，领导字正腔圆地说：“括号，此处有停顿，鼓掌……”大家在愣了片刻之后哄堂大笑。当然，这仅仅是一则笑话，但是这也反映出说话语句间隔和缓急变化的重要性。

平均来看，人类一分钟可以说 150 个字到 200 个字，每句话之间的间隔时间大概在一秒到两秒。每个人的说话习惯不同，有的人说话简直像连珠炮，一刻也不停歇，让你听了都感觉累。而有的人说话速度正常，但句与句之间间隔时间特别长，有时听得你都快睡着了。别以为他是慢性子，有这样的表现恰恰表明你的谈话对象是个喜欢深思熟虑的人，他所说的每一句往往都经过反复思考的。他平时给人的印象是冷静、有条理、做事理智。当然，他也会习惯性地怀疑别人。如果你和他交谈，辅以书面材料或研究数据比你夸夸其谈要有效得多，别以为你们交情很深，他就会感情用事。其实，他这人最重事实，喜欢作逻辑分析。

可见，从一个人说话间隔的时间和说话速度，可以分析出他的个性和心理。现在，就让我们一起来看看其他的语言习惯吧！

**1. 说话没有停顿点的人，喜欢吸引你的注意**

他有时自信，有时自大。他主观意识很强，说起话来总是滔滔不绝，几乎没有停顿点。想让他听进去你说的话，还真不是件容易的事，他更喜欢你能专注于他的谈话。如果你试图打断他，他会明显不高兴。他喜欢吸引你的注意，如果你对他的谈话表现出浓厚的兴趣，他会变得很友好。

**2. 说话缓慢平稳的人，喜欢和你分享生活经验**

听他说话，你会感叹："他说话简直就像电视科普节目的旁白啊！"是的，这就是他说话的频率特点。他表现得很成熟、理性、随和。他总喜欢和你分享一些生活的经验。你和他沟通不会感到有压力，他总是从客观的角度看待事物，并且对你表现得十分友好。

**3. 说话速度由慢转快的人，是为了掩饰内心**

如果你的谈话对象说话速度忽然由慢转快了，这表明他非常紧张或着急。他想掩饰住自己内心的真正想法，想以较快的语言速度来干扰你的判断。当然，如果他谈到的话题正好是他比较感兴趣的，一般也会出现语速忽然间加快的现象，这就需要依具体的语境来判断了。

**4. 说话速度由快转慢的人，对你有所怀疑**

如果你的谈话对象说话速度忽然由快转慢了，你要好好考虑你的谈话重点了。一般他们出现这样的反应表明他已经开始对你有所怀疑了，甚至对你有隐隐的敌意。通过放慢语速，他是想强调自己内心的想法和观点，也想告诉你他有不同的意见。如果此时你不能掌握他释放给你的信息，他的敌对心态和怀疑将会进一步加深。

## 通过坐姿判断是否在用心倾听

小汪和小李是下任总经理的候选人，俩人要合作完成一项公司项目。他们在办公室里商量。小汪把椅背朝前，骑跨在椅子上，双手交叠俯在椅背上。小李坐在一旁的凳子上，一会儿他站起来，用一种俯视的视角望着小汪。俩人都无法定下心来听对方说话，最后谈话不欢而散。

从这个例子可以看到，小汪和小李既是合作者，又是竞争者。这样的微妙关系也体现在了俩人坐椅子的方式上。小汪摆出了一个骑跨椅子的造型，这个姿势显然让小李感到了无形的压力，于是他选择从椅子上站起来。透过这些细节我们可以看出，两个人一心想在气势上压倒对方，根本无心听对方具体在说些什么。

坐椅子的方式分为浅坐椅子前沿、深深地坐在椅子里等。我们可以通过观察谈话对象坐椅子的不同方式，来判断他是否在用心听你说话。

**1. 骑跨椅子**

“骑跨”是比较另类的坐椅子方式，生活中，这样的姿势不是很常见。如果你的谈话对象在听你说话时采取了这样极端的姿势，这表明他对你有很深的抵触情绪，甚至带着进攻的意味。一般这样的姿势在男性中比较常见，这是因为骑跨在椅子上时，两腿能够大角度地分开，可以非常彻底的展示胯部，显现出动作者的雄性特征。这样的人通常都属于支配欲望很强的人，他倾向于控制谈话，并习惯以自己的观点影响他人。所以，当发现你的谈话没有按照他的预想进行时，他就对此次谈话产生了厌烦的情绪。这个时候他意识中的控制欲望就会支配着他使用一些身体语言来传达影响力，他可以很自然地从正常坐姿转换到骑跨椅子的坐姿，如果此时你十分专注于自己的“演说”，你甚至都发现不了这一点。其实，他早就无法用心听你谈话了。

**2. 浅坐椅子前沿**

你的谈话对象只坐在了椅子的前沿，其实这表明他心里缺乏安定感。他心里的想法是“赶快把话说完吧，我真想马上离开这里”。表面上他好像在认真地听你说话，但是否真的听进去却值得怀疑。由于他坐得浅，上半身是探向你那里的，这表示他想以自己的想法来说服你，他还真没有办法使自己安下心来好好听你讲话。

**3. 深坐椅子上**

深深地舒服地坐满整个椅子面的人，心中的想法是“多花点时间慢慢和你聊一聊”，他是个信心十足、坚毅果断的人，他认为比起说服你，和你深入地沟通更重要。但是你和他交流之后会发现，他的独占欲很强，有时候不由自主地就想干涉你。大部分时候，他能用心听你说话，但是你要给他足够的时间谈自己的想法，他喜欢按照自己喜欢的步调生活。

# 说话者的肢体语言

如果交谈的人在与你面对面坐着或站着时，他总喜欢不时地摸一摸头发，你是不是觉得他可能做了新发型，在吸引你的注意力？其实不然，这种人就算是一个人独自在家看电视，也会每隔三五分钟“检查”一下头发上是否沾上了什么不好的东西。他就是享受这种“过程”，对事情的结果倒是毫不在乎，因此，如果他为之努力和奋斗了许久的事情失败后，你别想从他的脸上找到一丝丝的懊恼，他通常会说：“我问心无愧，因为我努力了，去干了！”

生活中这类人不在少数，他们大都性格鲜明，个性突出，爱憎分明，尤其疾恶如仇。假如公共汽车上有小偷，而乘客恰恰都是这类人，那么这个小偷就倒霉了，他一定会被当场打个半死。这类人一般很善于思考，做事细致，但有的缺乏一种对家庭的责任感，他们对生活的喜悦来源于追求事业的过程，这句话听起来有点玄乎，不过仔细想来你就会明白，喜欢努力和奋斗的人，他们是不在乎事情的结局的。

许多人在说话时，往往会伴随着一些动作，这些动作，有的是习惯形成的，有的则代表一些心理暗示。像交谈时摸头发、抖腿或打手势等这些身体语言动作，往往透露着说话者的某些强调或附加的含义，还反映着不同人的心理及性格特征。现在就让我们一起来看看这些不容忽视的动作都分属于什么人吧。

**1. 交谈时不断抖腿的人，爱制造“醋海风波”**

无论是开会也好，与别人交谈也好，独自坐在那儿工作，或是看电影，有些人总喜欢抖腿或者脚尖点地带动整个腿部颤动，有时候还用脚尖磕打脚尖或者以脚掌拍打地面。当然，这种行为举止难登大雅之堂，但习惯者却总是习以为常。

设想一下，倘若你的谈话对象完全不顾及你的感受，也不认真地倾听你到底说了些什么，他只是自顾自地抖起了腿，好像爽得一塌糊涂。我想，你肯定有一种把水泼到他脸上的冲动。是的，这种人最明显的表现是自私，很少考虑别人的心情，凡事从利己的角度出发。如果是男性，他和妻子的关系也好不到哪去，因为这种人对妻子的占有欲望也特别强，经常会无缘无故地制造一些“醋海风波”，在这个问题上说他具有“神经质”一点也不过分。他对别人很吝啬，对自己却很知足，据说“守财奴”——欧也妮·葛朗台就有这个“良好”的习惯。不过这类人也不是毫无优点，他们通常很善于思考问题，会给周围的朋友出一些意想不到的主意。

**2. 边说话边打手势的人，爱扮演“护花使者”**

你的谈话对象喜欢边说话、边打手势，只要他们的嘴一动，就一定会伴随一个手部动作，摊双手、摆动手、相互拍打掌心，等等，好像总是在对自己说话内容进行特别强调。事实上，他们也相当自信。他们通常做事果断，性格外向奔放而又踏实肯干。这样的性格使他们的事业大都小有成就。无论在任何场合，他们都习惯把自己塑造成一个领导型人物，很有一种男子汉的气派。这类人去演讲一定会极尽煽动人心之能事，他们是气氛的活跃剂，良好的口才时常让你不信也得信。他们与异性在一起时表现尤其兴奋，总是急于向人展示出他的“护花使者”身份。当然，他们对朋友相当真诚，但通常不轻易把别人当成自己的知己。

**3. 说话时紧盯你的人，看起来像“花花公子”**

有些人在和你谈话时会目不转睛地看着你，他们的目光冷冷的，好似透视光，让你总有一种想逃的感觉，根本无暇顾及他们说了些什么。

在生活上，这种人也常常盯住一个人不放，当然，并不是说他看上了这个人。他们的支配欲望往往很强，而大多数的时候他们确实又都有某种优势，他们仿佛也特别幸运，占不到天时、地利就一定能占到“人和”。因此只要有机会，他们就会向别人表现自己，这使他们的行为时常看起来像花花公子。但有一点值得大家肯定，他们在大是大非面前很懂得把握自己，如果选定了人生的目标就一定会去努力实现。但他们又不喜欢受束缚，经常我行我素。另一方面，他们比较慷慨，因此他们周围总是围绕着一些相干和不相干的人。自然，有真心的，也有看中“酒肉”的。

总之，只要我们留意和细心观察，便可以从说话人的动作中窥探到他们的内心世界，从而了解这些人的性格特征。

# 说话清嗓子反映出的几种心理

曾国藩认为，每个人的声音，跟天地之间的阴阳五行之气一样，也有清浊之分，清者轻而上扬，浊者重而下坠。声音始于丹田，在喉咙发出声响，至舌头那里发生转化，在牙齿那里产生清浊之变，最后经由唇部发出去，这一切都与宫、商、角、徵、羽五音密切配合。所以我们在识人时，可以听他的声音，要去辨识他独具一格的地方，不一定非要与五音相符，通常我们只要听到声音就会想到这个人，于是就有“闻其声而知其人”的说法。说话的声音和习惯可以反映说话人的心理，要判断一个人究竟是个英才还是庸才，不一定非要见到他的庐山真面目，有时候听听他的声音就可以。

在比较正式的场合，如果遇到一个还没开始说话就清嗓子的人，你基本可以断定他是由于紧张和不安所致。在说话的过程中不断清嗓子的人，可能是为了变换说话的语气和腔调，还有的则是为了掩饰自己心中的不安和焦虑。如果有人在说话过程中并不是不间断地清嗓子，而只是偶尔一两次，这多半是表明他对你说的问题并不是十分认同，还需要仔细考虑，认真商定一下。有时候，陌生人之间故意清嗓子还是表示一种警告，往往是为了表达自己的不满情绪，同时也包含着向对方示威、挑战的意思，告诉对方自己可能会不客气："你尽管放马过来吧！"

可见，如果一个人说话的时候，不断地清嗓子，那说明此人对自己的话根本就没有信心，他只是为了掩饰自己的不安，而且这种人具有杞人忧天的倾向。再则，如果男性出现叼咬烟头、用唾液润湿的动作，多半表明他的心理不成熟，也没有主见。反之，如果说话慢条斯理的人，通常都是心中多有主见的人。

单位的领导者或一个团队的主管，讲话的时候总是逻辑严密、慢条斯理，这不光可以体现他们卓越的管理能力，更主要的是因为这些人说话的时候有自己的主见。如果随便在员工里拉上一个人去讲话，即使准备充分，他们也多半会磕磕绊绊，不断清嗓子，表现得异常紧张。相反来说，讲话慢条斯理的人，在讲话之前会充分考虑好自己的言语或表达方式再说出来，所以他们往往表现得胸有成竹。而且这样做更容易表述自己的意思，可以提高沟通的效率。通常，他们的心里很成熟，面对问题的时候不会鲁莽和急躁，有自己的主张和见解，不会事事都询问他人。当然，也绝不是从不听取别人的建议。这是因为这种人通常头脑极为冷静，能看清事态的发展和变化，关键的时候能拿主意，但绝不是逞能。如果遇到困难，即使内心不安，也不会表现在脸上。他们在生活中也比较沉稳，做事有计划、有条理，不至于活在忙碌和烦躁当中。

所以，如果一个人在说话的时候不断地清嗓子，往往是信心不足、内心不安的表现。

# 从闲谈中探知他人的内心世界

生活中，停不下话匣子的人很多，他们一张嘴就收不住，唾液横飞。这类人非常不适合社交，因为他们往往不注意你是否有时间和他们说话。他们说话常是为了安慰自己或者让自己镇定下来，从而转移自己对烦恼的事或者一些重大的情感问题的注意力。这些人喜欢听自己说话，所以他们的个性中常常有一些自恋的倾向，他们不在意自己是否对别人产生影响。太过投入的他们，是感觉不到自己有多么令人厌烦的。就算碰巧身边没有人，他们也不会闲下嘴来，往往会自言自语以自娱。

从心理学的角度来看，他们不停地说话，也许可能是一种自我防卫机制，以此来回避被遗弃和孤独的恐惧感。因为他们非常需要听众，所以他们要是和你待在一起，非常喜欢和你抢着说话。同时，他们又以自我为中心，是那种经不起侵犯，一触即发的人。他们的脾气不好，脾气一旦上来，压也压不住，就会直接爆发出来。所以，如果你有意打断他们的话，他们会不甘示弱地扯高嗓门，要和你拼一拼。他们是一根肠子通到底，凡事不三思而行，很容易闯祸，也很容易掉进他人的圈套。

生活中，聊天是再普通不过的事，但是，恰恰是这些没有什么正经事的闲谈，能帮我们探知他人的内心世界。

**1. 没有自信的人：把剩下的话吞下去**

这类人是属于对自己没有自信的人，对自己没有信心，对人际关系更没有信心。对他们来讲，话讲到一半就被人打断，甚至转移话题，这是非常不尊重他们的表现。他们觉得受这样的污辱是很见不得人的，所以尽可能地把话吞进去，还希望大家不会注意到他们。这是一件很令他们难过的事，而他们是那种受气也不吭声的人。

**2. 盛气凌人的人：马上要求对方尊重他**

这种人气势凌人，颇有领导人的架势，在他们讲话的时候，不许别人插嘴或打断，否则他们不会坐视不管，会当面警告对方要尊重他们的发言权。他们会说："哎呀，你到底听没听我说话，等我说完你再说！"他们的性格是很主观的，而且以自我为中心，他们想做什么事，就会按照自己的意思来做，不容许别人干涉，一旦有人干涉，他们会毫不客气地提出纠正。这除了要有很大的自信外，也要有很大的勇气和很强的实力，这种直接响应对方的做法，很容易引发冲突。

**3. 沉得住气的人：等对方说完，再接下去讲**

这种人是那种话不说完心里不舒服的人。一旦有人不尊重他们，打断他们的说话，而他们只好等对方讲完，再接下去讲。从这点可以看出，他们是很沉着稳重的人。虽然他们知道对方不尊重自己的发言权，但他们又不便当面翻脸，只好耐心地等对方讲完，再很有君子风度地继续讲完。这样，一来可以避免话没讲完的尴尬，二来可以给对方一个教训。这种人可以说懂得很好的制敌之术。

## 对待赞扬的态度反映人的品性

有的人在受到表扬的时候面红耳赤，显得很腼腆。他们温顺敏感、感情脆弱，别人的批评很容易让他们受到伤害，更经受不住意外的打击；富有同情心，关注他人的感受，不会用言语或行动主动攻击他人。

听到赞扬的话，有的人会用一副非常惊喜的样子来表达自己的喜悦。他们憨厚淳朴，不喜欢与别人产生矛盾，经常以损失自己的利益来换得安宁；喜欢参加群体活动，交往过程中的大度和慷慨让他们与别人建立起良好的人际关系，他们与他人能够相处得非常融洽。

有的人听到表扬，仿佛听到风声一样无动于衷。他们在工作中兢兢业业，不喜欢因为受到别人的注意而浪费时间和精力。他们对待身边的事情保持一种顺其自然的态度，不喜欢争强好胜；奉献是对他们的高度评价，他们宁愿独处一室进行研究和创造，也不愿加入烦乱的集体生活当中。

听到别人的表扬，有的人立刻会用相应的表扬话语回敬，让对方有被回报的感受。他们有自己的个性，不喜欢依附他人，对自己和生活充满了自信；在人际交往过程中，最讲究平等互利，和他们交往可以毫无后顾之忧，既不必担心吃亏，也不会产生占他们便宜的觊觎念头。

有的人经常用诙谐的话语回敬别人的表扬，有时否定对自己的表扬。他们不喜欢集体活动，不愿受到他人的干扰，将众多的精力和时间用于维护自己的独立空间；幽默含蓄，但又略显放荡不羁，其实这是他们故意封闭自己的一种手段，他们通常不会和别人建立起深厚的情谊。

有的人在接受表扬时较为公平，会在接受别人表扬的时候用适当的好话称颂对方。他们心地单纯，好助人为乐，经常设身处地为他人着想，能够对别人的优点给予肯定，别人非常愿意和他们相处；慷慨大方，能够给予朋友及时有效的援助，和他们共渡难关。

有的人对别人的表扬一点都不关注，他们根本没有心情为表扬浪费过多的时间，所以总是找其他的话语来改变话题。他们反应灵活、机智聪明而且才华横溢，富有眼光，既现实、又干练。自信和狂放不羁是他们最明显的性格特征，他们对名利不过度追求，有成就丰功伟绩的可能。

对于表扬自己的人，有的人能恰到好处地表达出由衷的感谢，给对方彬彬有礼的感觉。他们稳重踏实，注重实际，讲究实效，富有进取心，善于韬光养晦，经常出其不意地给人以惊喜；有着独立的行事原则，能够按照预定的目标坚持不懈地努力，不受外界环境影响，更不会招摇过市、不可一世。

# PART 06

## 面对谎言的态度

# 揭开谎言的面纱

**1. 谎言，我们必须面对的事实**

我们的大脑从接收到信息到指挥身体各个部位发出信息的刹那之间，经过了高速而缜密的思维过程，掌握语言中枢的新皮质大脑会根据不同的情况分析出最佳的对话策略，于是就出现了所谓的“口是心非”、“言不由衷”等情况。如果有人宣称他这辈子从来没有撒过谎，想必任何人都不会相信。我们无法否认也无法拒绝我们生活在一个充满谎言的世界里这一事实，正如法国的沃尔纳格所说，人人生来都是纯真的，每个人死去时都是说谎者。的确，人人都会撒谎，撒谎可以说是人类天性的表露。

例如，一个年年都是“三好学生”的小学生为了获得一次和同学去郊外野餐的机会，他会理直气壮地告诉父母，周末的作业习题他都已经完成了，而事实上他才做了一半；一个刚毕业不久的大学生，虽然只进入了一家普通的公司，拿着微薄的薪水，为了不让家人担心，会夸口说他进了一家声名显赫的大公司，一个月的薪水有多少多少，而事实上他的薪水只有他说的一半。

心理学家告诉我们，说谎是人类区别于其他动物的重要特点之一，是人类社会生活中不可缺少的部分。有研究结果表明，大多数人平均每天会撒两次大谎，人与人的交谈中有三分之一的部分存在某种形式的谎话，但是，其中只有五分之一被人们察觉到了，有80%以上的人曾经为了获取工作或保住职位而说谎，对伴侣说谎的频率更是居高不下。

可见撒谎在我们的生活中比比皆是。甚至有位西方哲人说，社会就是由谎言组成的，人与人之间就是互相撒谎的关系。这句话当然有些偏激，但不可否认，撒谎的确是人类日常生活的一个组成部分。只要我们稍稍留意一下，就会发现在我们的生活中，随时随地都会听到各种各样的大大小小的谎言，其中有一些只是善意的欺骗，还有一些是恶意的谎言，会对我们造成伤害，因此我们必须学会如何面对谎言，从而有效地保护自己。虽然我们无法阻止别人说谎，但是我们可以学着永远不上当。

**2. 谎话大王的三张面孔**

虽说人人都会说谎，没有一个人敢声称自己是绝对清白的，但人们说谎的频率确实有所差别，的确有那么一些人，是可信度极低的谎话大王，对于他们所说的话一定要秉着“批判主义的精神”，当然，你也可以把他们当作你练习识破谎言技巧的最佳教材。

心理学家为我们总结出了最爱说谎的3种人：

（1）虚荣心重的人。

生活中的很多谎言都是因为面子问题而产生的，虚荣心重的人最看重面子，这类人十分在乎他人对自己的评价，喜欢受到关注和赞美，不愿意别人看低自己，因为他们太注重外在的东西，而对个人的素质与气质疏于培养，但又渴望得到别人的喝彩，于是，他们凭内在的实力无法达到这种目的时，撒谎便成了他们使用的最便利的手段。这类人常常在不熟悉的朋友面前编造一些美好的谎言。例如自己的家庭背景有多好，身上戴的首饰值多少钱，甚至自己是哪所名牌大学毕业的。当然，这些谎言仅仅是为了满足个人的虚荣心，如果你识破了也大可不必揭穿它。

（2）自卑感强的人。

严重自卑的人通常敏感而脆弱，既能敏锐地感受到自己许多不如别人的地方，同时，又极容易把周围一切人对自己的注意——哪怕是关心和帮助——看成是对自己的怜悯。因此他们需要一些谎言来安慰自己，或者是借助谎言来逃避，在别人面前树立完美的形象，以谎言为武器来调整自己在他人心目中的位置和形象，用谎言来安慰、麻痹自己，在幻想中获得满足感和认同感。

（3）过分以自我为中心的人。

趋利避害是人的本性，我们每个人在思考问题、处理事情时，都不免会以自我为中心，首先考虑保全自己的利益。但这种以自我为中心的心理应有个限度。如果没有损害他人的生活，大家自可相安无事。但如果一个人以自我为中心的心理严重到过分的地步，在与他人发生利益冲突的时候，在任何时候都只考虑自己的利益，损人利己的谎言也就随之而来。

**3. 身体语言如何泄露谎言**

可能很多人都会认为说谎是一件很容易的事，其实并不是这样。说谎，尤其是想成功地说一次谎，是一件非常困难的事。为什么说谎就这么困难呢？主要原因在于当一个人撒谎时，他的潜意识不会听从他的“指挥”，而会独自行动。如此一来，他的身体语言就会使他的谎言不攻自破。这就是为什么那些平常很少说谎的人，一旦说谎，无论其谎言多么完美，显得多么真实可信，都会很容易被对方识破。因为从他开始说谎的那一刻起，他的身体就会发出一些自相矛盾的信号（身体语言和有声语言处于相互矛盾的状态之中），这就会让对方觉得他一定在撒谎。而那些职业说谎家，比如某些骗子，他们之所以说谎时不容易被别人识破，关键就在于他们能够有意识地将自己的身体语言和有声语言协调到较为完美的境界。因此，当他们向人撒谎时，人们往往会深信不疑。

看到这儿，有些读者可能会好奇地问，那些职业骗子是如何让自己的身体语言和有声语言达到较为完美境界的？一般来说，他们常用以下两种方法来实现这一目的。其一，平日反复练习说谎的时候做出正确的身体姿势，长时间的反复练习是必不可少的，一般为 2 ~ 3 年。其二，尽可能地减少身体语言，尤其是自己潜意识不能控制的身体语言，这样，他们在说谎的时候，就会很少做出一些负面动作了。不过，要想做到这一点，往往是非常困难的。下面的这个实验也证明了这一点。实验中，心理学家让参加实验的人故意向他撒谎，并让他们尽量压抑一切身体姿势，不管是正面的，抑或是负面的。然而，那些故意撒谎的人虽然控制住了主要身体语言，但仍有不少的细微动作表现了出来。比如，瞳孔缩小、用手触摸鼻子、拽衣领、脸色潮红、鼻子出汗，以及其他一些细微动作，而这些细微的动作已经暴露了一个人在撒谎。

由此可见，要想成功地欺骗他人，最好的办法就是将自己的身体隐藏起来，让别人只能“闻其声，而不能见其人”。也正是因为这个原因，审问嫌疑犯时，审讯人员往往会将疑犯置于一个空旷屋子的中间，或是置于较为强烈的灯光之下，以便让他们的全身都暴露在自己的视线之中。这种情况下，嫌疑犯任何一个细微动作都逃不过审讯人员眼睛，如果他们一旦说谎，就会非常容易地被揭穿。

一般来说，当你坐在桌子的后面，并借用桌子部分抵挡住自己的身体，或是从关着的门后面露出脑袋对人撒谎就较为容易成功了。当然，辅助撒谎的最好工具还是电话，或者是 QQ 微信等聊天工具。

# 面部表情透漏人的情绪

**1. 眼睛向右上方看，大脑正在制造想象**

还记得前面提到过的“EAC 眼睛解读线索”吗？神经科学的研究告诉我们，当我们思考时，大脑中的不同区域会被激活，导致眼睛向不同的方向运动。眼睛向左上方看时，表明大脑正在回忆过去的情景或事物；眼睛向右上方看时，表明大脑正在想象一幅新的画面；眼睛向左下方看，表明大脑正在回忆某种味道或感觉；眼睛向右下方看，表明正感受到身体上的痛苦。也就是说，眼珠转动的方向会暴露我们的思想。借助这个线索，我们可以从对方眼睛运动的方向来判断对方是否在说谎。

具体来说，眼睛向左上方看，意味着大脑正在搜索记忆，所说的是真话；眼睛向右上方看，意味着大脑正在创建想象，所说的可能就是谎话。如果你周一早上问你的同事周末是怎样度过的，对方回答：“带儿子去游乐场了。”此时，如果他的眼睛向左上方看，说明他脑海中正在浮现昨天和儿子在游乐场玩乐的情景，并没有撒谎；而如果他的眼睛向右上方看，则说明游乐场一事可能是他临时编造出来应付你的谎言。

人们在思考时，眼睛的运动方向是由大脑内活动的区域决定的，很难人为控制，因此，观察眼睛的运动方向来判别谎言不失为一个很好的办法。不过，为了确保判断的准确性，使用这个方法还有两个很重要的注意事项。

（1）事先编造好谎言的人眼睛不会转动。

眼睛的转动必须和相应的思维活动相联系才有意义，如果人们已经事先准备好了一套说辞，就等着你问他了，那你就不会看到他的眼睛运动有什么不同。因为即使谎言是虚构的，此时也变成了一种记忆。因此，只有在人们没有准备的情况下，一边说话一边构造谎言的时候，才能采用这种方法来判别。

（2）EAC 眼睛解读线索并不适用于所有人。

EAC 模型总结了大多数人的眼睛运动方式，但它并不适用于所有人，现实生活中总是存在着许多例外情况。例如，惯用左手的人眼睛转动的方向可能正好相反，往左上方看不是回忆而是编造谎言的表现。为了确保判断的准确，可以先提一些试探性的问题，找准对方眼睛转动的规律。例如，你可以先问对方“你觉得二十年后你会是什么样子？”这是一个关于想象的问题，仔细观察可以确定他在创建想象时眼睛转动的方向，然后就可以进行正确的判断了。

**2. 避免眼神接触，因为害怕被人看穿**

大多数人在说谎时心中难免会有愧疚之感，以及担心谎言被揭穿的恐惧，愧疚和恐惧都会从他们的眼睛里流露出来，比如回避目光交流，或是低头不看对方，或是明显地把头偏向一侧，这些都可以说明这个人不坦诚。说谎时如果与别人对视，心里会更加紧张，然后就反映在眼睛里，因此说谎者本能地转移视线，以消除紧张感。

避免眼神接触或很少直视对方是典型的欺骗征兆。人在潜意识里觉得别人会从他的眼睛里看穿他的心思，因此，很多人会尽量避免和对方眼神接触，因为心虚所以不愿意面对你，眼神闪烁、飘忽不定，或者不停地眨眼。影视剧中经常可以看到这样的片段，一个人怀疑别人在对他撒谎，于是对那个人说："看着我的眼睛，告诉我，到底是怎么回事。"而对方却把头低下或者撇开，不敢直视对方。的确，眼睛很容易泄露谎言，持续长久和躲躲闪闪的目光接触都是对方在说谎的重要标志。

揉眼睛则是另一种避免眼神接触的方式。当一个小孩不想看到某些人或某些事情的时候，他可能会用一只或两只手来揉自己的眼睛。成人也一样，当他们看到某些不愉快的东西时，也可能会用手揉自己的眼睛。揉眼睛这个动作是大脑不想让眼睛看到欺骗、疑惑或是其他不好的东西，或者是不想让自己在说谎时与别人发生眼神接触，以免自己因心虚而露馅。一般来说，当一个男性撒谎时，他可能会用力揉自己的眼睛。如果谎撒得较大，他会转移视线，通常是将眼睛朝下；当一个女性撒谎时，他不会像男性那样用力揉自己的眼睛，相反，她仅会轻柔几下眼部下方，同时将头上仰，以免和对方发生眼神接触。

频繁眨眼也是说谎的标志之一。科学家通过暗中观察记录，发现人们在正常而放松的状态下，眼睛每分钟会眨 6 ~ 8 次。而这种间隔在非正常状况下被打破。所谓非正常状态就是说你的内心情绪有较大起伏，比如因为说谎而紧张，这个时候眨眼睛的频率就很可能会显著提升。撒谎的人内心无法平静，承受着担心谎言被识破的巨大压力。在这种压力下，说谎者或许可以控制自己的口头表达，但却很难控制身体语言，于是眼睛因为巨大的紧张感而不停地收缩。

当一个人心理压力忽然增大时，他眨眼的频率就会增加。比如，正常条件下（职业骗子除外），当一个人撒谎时，由于害怕自己的谎言被对方揭穿，他在说完谎话后，其心理压力会骤然增大，相应地他眨眼的频率会增加，最高可达每分钟15次。所以，你在和某个人谈话时，如果你发现他总是不断地眨眼睛，说话也变得结结巴巴，你就得留心他所说话内容的真实性了。

此外，英国动物学家戴斯蒙德·莫里斯在观察警察审讯的过程中发现，当人们说谎或努力掩饰某种情感时，他们眨眼时眼睛闭上的时间会比说真话时更长，这是另一种避免眼神接触的方式，说谎者在无意识中通过延长眨眼时间给自己关上“一道门”，从而减轻内心因说谎而产生的愧疚感。

**3. 对方直视你的眼睛，也未必在说真话**

人们往往相信，当一个人说谎时，他会因为心虚而不敢正视对方的眼睛，而是将自己的视线移向一边。那么我们是否可以就此认定，当一个人和另一个人谈话时只要他敢于直视对方的眼睛，他就一定没有对对方撒谎呢？先不着急回答这个问题，一起来看下面这个实验。

实验中，心理学家把参加实验的人员分为甲、乙两组，并让甲组的人对乙组的人撒谎，同时，心理学家还要求甲组中85%的人在撒谎时一定要看着对方的眼睛。随后，心理学家把甲、乙两组人员的撒谎过程进行了录像。录像完毕后，心理学家来到一家电视台做了一期“你能识别哪些人在撒谎”的谈话节目。让台下观众看完录像节目后，心理学家便开始让他们来识别哪些人在撒谎，并让他们说明各自的理由。

结果发现，很多观众都中了心理学家的“圈套”。在那些撒谎时注视对方眼睛的“骗子”中，有95%的人没有被观众识破，他们认为那些“骗子”在实话实说。因为“骗子”们在说话时敢于注视对方的眼神。而在那些事先没有被心理学家叮嘱过在撒谎时要注视对方眼神的“骗子”中，有80%的人都被观众识破了。可见，“注视对方的眼睛”正是说谎者用来伪装的有力道具之一。

由此，我们也就可以回答刚才提出的问题了。长久以来，变幻莫测的眼神、频繁的眨眼、不敢对视，都被认为是说谎的信号。这些看法都有道理，但是由于大多数人都这么想，所以很多人在说谎时就利用了这种心理，故意盯着对方的眼睛，显得那么从容不迫、游刃有余，以此表明自己没有撒谎。视线的转移确实会显露出一个人的情感状态。例如，悲伤时，我们的眼睛会向下看；羞愧时，我们会低下头。如果不同意对方的观点，则会直接把视线从对方身上移开。但说谎的人绝不会这么做，因为他们害怕被你看穿。

一整天，小洁男朋友的手机都处于关机状态，小洁很着急。第二天见面时，小洁装作很随意地问男朋友，昨天是怎么了，一整天都关机？男朋友为了掩盖自己的紧张，认真地看着小洁说：“哦，昨天手机没电了就自动关机了，我还不知道呢，晚上想给你打电话才发现的。”男友说话时一直看着小洁的眼睛，一副坦诚认真的样子，可小洁还是觉察到了异样。

说谎者的骗术固然高明，但也不是完全没有破绽，因为这种特意的“盯”和自然的凝视眼神是不同的。仔细观察就会发现，这种凝视很不自然。所以，即使对方直视你的眼睛，也未必在说真话。

**4. 假表情总是慢半拍、持续时间长**

人的面部表情可以说实话也可以说谎话，而且常常是在同一时间内既说实话又说谎话。在现实生活中，人们时常利用面部表情来作为掩饰和伪装其真实思想感情的“面具”。例如，因违章而受到交警训斥的司机为了避免把事情搞得更糟，往往故作笑脸，表现得服服帖帖；一对正在家中赌气的夫妻，一旦有贵客来访，便会装出没事的样子，笑脸相迎。当人们撒谎时，也会制造虚假的表情来掩盖真相，为了识别谎言，我们必须学会如何识别虚假表情。

虚假表情包括两种，伪装的表情和克制的表情。伪装，即假装出一种与自己真情实感相反的情感。例如小学生假装肚子疼请假回家时脸上装出的表情。克制，即为了不让别人发现我们真实的情感，努力控制自己的脸部肌肉，故作镇定。善于撒谎的人往往会小心翼翼，不让他们真实的情感以这种方式偷偷显露出来。无论是伪装还是克制，虚假表情的表现方式毕竟与自然流露的表情有所不同，最重要的区别即虚假表情总是慢半拍，而且持续时间长。情绪出现的时间快慢是很难人为控制的，由于刻意制造的假情绪不是自然发生的，因此它出现的时间总是会稍微延后，持续时间也会比真实的表情要久，然后就“突然”消失了。

（1）假表情总是慢半拍。

反映内心真实感受的表情被称为“最初的反应表情”，会在情感产生的一秒钟之内立刻流露出来，之后才能进行人为的掩饰或伪装。因此，如果对方话还没说出口，或者刚开始说话时看起来就很生气，那么他可能确实被激怒了。相反，如果他说完之后才开始表现出很生气的样子，撇着嘴、瞪大了眼睛，这就是刻意加上的表情，并非出于内心的真实情感，对方只是想表现出很生气的样子。

（2）假表情持续时间长。

表情持续的时间长短也可反映出说谎的印迹。停顿时间长的表情通常是假的，比如 10 秒钟或 10 秒钟以上的时间，甚至停顿 5 秒钟的表情也可能是不真实的。除了那种极其强烈的情绪感受，比如欣喜若狂、勃然大怒、悲痛欲绝等，自然的表情都不会超过 4 ~ 5 秒钟。而且，即使是非常激动的情绪，其表情也不可能持续太久，而是一阵阵地短暂地出现。只有象征性表情和嘲弄式表情是长时间存在的。例如，真正的惊讶表情从形成到消失不到 1 秒钟，如果有人对你说的话展现出长达 3 秒的惊讶表情，他多半是在故意假装自己不知道这件事。

面部表情是说谎者最容易作伪的部位，这给判断一个人是否在撒谎带来了麻烦。好消息是，面部表情中总有一部分是人为无法控制的情不自禁流露出来的，因此，我们可以通过识别对方脸上掩饰不住的真实表情来揭穿谎言。面颊肤色变化就是典型的紧张征兆。面颊的颜色会随着情绪的变化而发生相应的变化。面颊肤色的变化是由自主神经系统造成的，是难以人为控制或掩饰的。最明显的是变红和变白。人们最常见的面颊变红经常出现在害羞、羞愧和尴尬等情形中，脸红也是愤怒的表现，愤怒时，面颊瞬时转为通红而不是由面颊中心慢慢扩散开来。当愤怒中的人们想极力抑制自己的怒气和克制自己的攻击性冲动时，其面颊肤色会变得苍白，当人们处于惊骇的情绪状态下，面颊肤色也会变得苍白。可见，由面颊肤色的变化我们可以观察到对方真实的情感。类似的线索还有很多，只要在生活中留心观察，定能有所收获。

**5. 突然放大的瞳孔揭示隐藏的情感**

人类瞳孔的变化是不由人的主观意志控制的，完全是下意识的反应，因此可以真实地反映人的情绪变化。前面已经提到，人的瞳孔会随着情绪的变化而相应地放大或缩小。无论说谎者的演技多么高超，他也无法掩盖这一点。瞳孔的这种变化是人无法控制的，因此只要我们留意观察对方的瞳孔，就能断定他是否在说谎。

当我们对眼前的事物或者谈话内容感兴趣的时候，瞳孔就会放大。如果一个人的瞳孔变化和他试图表现出来的情绪不相符，就可以怀疑他所说的真实性。警察在询问嫌疑人时经常会用到这个方法。例如，警察想要知道嫌疑人和另一名疑犯是否相互认识，会把许多张照片一张一张地给嫌疑人看，其中只有一个是目标人物，嫌疑犯看到目标人物的照片时，瞳孔会突然放大然后恢复，警察如果能够观察到这个细节，基本上就可以下结论了。

关于瞳孔与谎言的关系，俄国有一个故事。

一个叫卡莫的俄国人在外国被警察抓获，沙皇政府要求引渡他。卡莫知道，一旦他回到俄国，无疑将面临死刑。于是他装成疯子，企图以此逃过惩罚。他的演技骗过了一位又一位经验丰富的医生，最后他被送到德国一个著名的医生那里进行鉴定。这位医生把一根烧红的金属棒放在他的手臂上，为了逃避惩罚，卡莫忍受着巨大的疼痛，没有喊叫，也没有露出任何痛苦的表情，但是他的瞳孔因为痛苦和恐惧而放大了。聪明的医生看到了这一点，完全明白了他不是丧失了知觉的疯子，而是一个正常人。

可见，演技再高超的骗子也无法控制自己瞳孔的大小变化。故事中的医生正是利用瞳孔与恐惧情绪之间的联系发现了这个俄国人的破绽。反过来，人们也可以利用瞳孔变化与兴奋情绪之间的联系来识破谎言。

第二次世界大战期间，盟军反间谍机关抓到一个可疑的人物，此人自称是来自比利时北部的流浪汉。这位流浪汉的言谈举止十分可疑，眼神中露出一种机警、狡黠，不像普通的农民那么朴实、憨厚。法国反间谍军官吉姆斯负责审讯此人，吉姆斯怀疑他是德国间谍。

第一天，吉姆斯问这位流浪汉："你会数数吗？"流浪汉点点头，开始用法语数数，他数得很熟练，没有露出一丝破绽，甚至在德国人最容易露馅的地方也没有出错，于是，他过了第一关。

吉姆斯设计了第二招，让哨兵用德语大声喊："着火了！"然而流浪汉似乎完全听不懂德语，一动不动地坐在椅子上，脸上也没有任何表情。吉姆斯心想，这个间谍果然不简单。

吉姆斯冥思苦想，想出了一个特别的办法。第二天，士兵将流浪汉押进审讯室，他依然是一副无辜的样子，十分冷静。吉姆斯看见他进来，假装非常认真地阅读完一份文件，并在上面签字之后，故意用德语说："好了，我知道了，你的确就是一个普通的农民，你可以走了。"

流浪汉一听到这话，误以为他骗过了吉姆斯，不自觉地卸下了防备，于是抬起头深深地呼吸，瞳孔突然放大，眼睛里闪过一丝兴奋。吉姆斯从这短暂的表情中看出了端倪，看来这位流浪汉确实会讲德语，而且之前一直是在伪装。吉姆斯抓住这个细节，对流浪汉进一步审讯，终于揭穿了他的谎言。

总之，瞳孔放大必然和恐惧、兴奋等情绪有联系，即使对方的身体一动不动、一言不发，仅从瞳孔的变化也可以发现他企图掩藏的情绪，从而揭开谎言。

**6. 硬挤出来的笑容嘴巴紧闭**

欺骗的表情常常出现在最不常用来掩饰情感的面具就是微笑。达尔文曾经作过相关的研究，他声称，人们通常企图掩饰消极的情感，而微笑所使用的肌肉与消极情感所使用的肌肉最无关。因而谎言往往伴随着虚假的笑容，笑容具有极强的感染力，也有极大的欺骗性，虚假的笑容有时甚至比恶语相向更有杀伤力，因为它戴着善意的面具。我们可以通过对方脸上的细节来识别虚假的笑容。

真正的笑容总是最全面的，能够让整张脸都亮起来。如果只是嘴角动了动，嘴巴紧闭，眼睛周围的轮匝肌和面颊拉长，这就是假笑，也就是所谓的皮笑肉不笑。假笑时面颊的肌肉松弛，眼睛不会眯起。狡猾的撒谎者将大颧骨部位的肌肉层层皱起来以弥补这种缺憾，这一动作会影响到轮匝肌和松弛的面颊，并能使眼睛眯起，从而使假笑看起来更加真实可信。一个人发出真心的灿烂笑容时，眼角和嘴角都会浮现出细细的纹路。

要知道为什么脸部纹路成为真笑与假笑的区别之处，就要先知道人的笑容运作的科学道理。人的笑容是由两套肌肉组织控制的：以颧肌为主的肌肉组织可以控制嘴巴的动作。使嘴巴微咧，露出牙齿，面颊提升，然后再将笑容扯到眼角上；而眼轮匝肌可以通过收缩眼部周围的肌肉，使眼睛变小，眼角出现皱褶。

我们的意识可以控制以颧肌为主的肌肉组织。也就是说我们自己可以命令这部分肌肉运作，即便我们的内心没有感觉到愉快，也能制造出嘴部的笑容。而眼部周围的眼轮匝肌的收缩却是完全独立于我们意识之外的，我们不能自主地控制。只有内心真正的愉悦才能激发它的运作。所以在一张不真诚的笑脸上，细纹只会出现在嘴的四周。

此外，假笑时，面孔两边的表情常常会有些许的不对称。习惯于用右手的人，假笑时左嘴角挑得更高，习惯于用左手的人，右嘴角挑得更高。而真实的笑容，两边的嘴角都会被最大限度地抬起，而且从来不会不对称。

笑容的时间长短也可以作为判断的依据。假笑保持的时间特别长。

真实的微笑持续的时间只能在 2 秒到 4 秒之间，其时间长短主要取决于感情的强烈程度。而假笑则不同，它就像宴会后仍不肯离去的客人一样让人感到别扭。这是因为假笑是刻意伪装的，所以人们就不知道应该什么时候收起笑容，无形中延长了笑容的时间，露出了破绽。而且，假笑常常可以在很短的时间里被堆出来，而真实的笑容往往需要更长的时间才能展现出完整的笑容。

总之，如果一个人不想暴露内心的真实感受，他可能会带上“我很快乐”的面具，你只需切记，不是发自内心真实感受的笑容，是不会在脸上完全绽开的。

# 小动作背后的真相

**1. 动作和语言不一致，嘴上说的不能信**

人类大脑的边缘系统是非常诚实的，由边缘系统掌控的肢体行为会如实地反映我们的想法，这些动作是我们的主观意识无法控制的下意识的动作。我们之所以可以通过身体语言来识别谎言，原因就在于说谎行为本身的复杂性。看似漫不经心的一句谎言，想要做到滴水不漏不被人怀疑，其实是一件需要动员全身器官共同参与的庞大工程。因此，无论一个人的口才多么好、说谎技术如何高明，他的肢体都会“出卖”他。

人们在说话时，实际上同时在意识和无意识两种层面上进行交流，说谎者把精力集中在编造谎言、如何应答上面，因而很难控制自己的身体语言。由于人们在交流中同时传递这两种信息，因此说谎能否成功关键就在于对意识和无意识两种信息表达的控制。讲真话的人，意识表达和无意识表达总会保持一致，而一旦语言和动作之间出现不一致，我们就有理由表示怀疑。在这种情况下，我们难以控制的无意识信号，即动作和姿势，往往才是真情实感的表达，也就是说，当动作和语言自相矛盾时，所说的话就很有可能是假的。

生活中经常可以见到这样的例子，例如，抱怨感冒头疼向领导请假，却以轻快的步伐走下楼梯；嘴上明明说“不是”，同时却在点头；再如嘴上正在说好话，两个拳头却紧紧地握在一起，那分明就是讨厌你的表现。

曾担任过六百多件法庭审判顾问的乔艾琳·狄米曲斯在《读人》一书中提到过这样一幕：一次挑选陪审员时，负责此事的律师的妻子流产了，他向法官请求准他一天假好陪在妻子身边，但法官拒绝了，因为这会耽误工作。但是律师不得不走，把工作交代给其他同事后就离开了，而此时法官要求其他同事代他向律师以及妻子表示最大的祝福。

乔艾琳注意到，从字面上看，法官的话语似乎充满了同情，但从他当时说话的表情和动作姿势中，丝毫感觉不到同情和温暖之意。他脸上没有表情，一边说话还一边低头批阅文件，这表明他压根儿就不关心律师和他家人的命运。稍后，法官因为另一件事情对一名陪审员咆哮，从言语上看他似乎很生气，但他的肢体语言却揭露了真实的情绪，他的动作并没有反映出怒火——身体没有靠前、没有任何手势或者脸红。尽管法官说话时故意很大声、装作很生气的样子，但他的肢体语言却说明他不过是在利用愤怒的声音恐吓威胁对方，因为他自己缺乏合适的理由说服别人。

动作和语言不一致还有另一种情况，就是时间点不对，这和假装的表情是一个道理。例如一个人在假装生气地说话之后，会故意用拳头捶桌子或者挥舞手臂作为强调，以此来让自己看起来真的很生气。这种事后追加的动作都是刻意为之，并非发自内心。

因此，我们听别人说话时，要同时注意他的肢体语言，拿肢体语言、表情和说话内容作比较，才能看出一个人的真实情绪和动机，除非动作、声音和说话内容彼此符合，否则就一定有所掩饰，那就需要我们仔细观察去找出线索。一旦认清了一个人的习惯做法，也就很容易推测他的其他行为。

**2. 不时用手接触口鼻，是企图隐藏真相**

频繁用手触摸自己的鼻头或者手指不时轻触嘴唇，是最常见的说谎动作。一旦他的手离口鼻很近，基本上都有说谎的嫌疑。如果他在说话时用手捂住嘴巴，那就表示连他自己都不相信自己说的是实话。这些手部动作起着遮掩的作用，是说谎者在潜意识里企图隐藏真相。

美国前总统尼克松被迫下台之前，议会对“水门事件”展开了调查，当时他正在国会接受审问，在审问期间，人们惊奇地发现，他经常会出现一种非常明显的惯性动作——老是不断地用手触摸自己的脸颊及下巴。

在谈话过程中，时而双手掩面或摸脸，就好像在说：“我不想听你说这些，我不想再谈论这个话题了。”正是因为心中常有不为人知的隐情，感到非常焦虑，从而不停地用手接触脸部。用手捂嘴和触摸鼻子是两种典型的说谎标志。

（1）用手捂嘴。

这是一种明显未成熟，略带孩子气的动作，很多小孩尤其喜欢使用此种姿势，当然，一些成年人偶尔也会使用此种姿势。一般来说，使用此种姿势的人会在自己说完谎话后，迅速用手捂住嘴，同时用拇指顶住下巴，让大脑命令嘴不要再说谎话。有些时候，某些人在做这一姿势时，仅会用几根手指捂住嘴，或是将手握成拳头状，放在嘴上，但其蕴涵的基本意义是不变的。还有一些人则会借咳嗽的动作来掩饰其捂嘴的动作，以分散别人对自己的注意力。

（2）触摸鼻子。

触摸鼻子是用手捂嘴这一姿势的“变异”，相比于用手捂嘴，它更具隐匿性。有些时候，它可能是在鼻子下面轻轻地抚摸几下，也可能是很快，几乎不易察觉地触摸鼻子一下。一般来说，女性在完成这一姿势时，其动作幅度要比男性轻柔、谨慎得多，这可能是为了避免弄花她们的妆容吧。关于触摸鼻子的原因，有这样两种较为流行的说法，其一，当负面或不好的思想进入人的大脑后，大脑就会下意识地指示手赶紧去遮住嘴，但是，在最后一刻，又怕这一动作太过于明显，因此手迅速离开脸部，去轻轻触摸一下鼻子。其二，当一个人说谎的时候，其身体会释放出一种叫作“儿茶酚胺”的化学物质，这种物质会使说谎者鼻子的内部组织发生膨胀。与此同时，一个人撒谎的时候，其心理压力会陡然增大，血压也会迅速升高，这样鼻子就会随着血压的上升而增大，这就是所谓的“皮诺曹的大鼻子效应”。血压的上升使得鼻子开始膨胀，鼻子的神经末梢就会感到轻微的刺痛。不由自主地，说谎者就会用手快速地触摸鼻子，为鼻子“止痒”。此外，当一个人感到紧张、焦虑，或是生气的时候，这种情况也会发生。

看到这里，可能有读者朋友会问，现实生活中的确存在鼻子真正发痒的情况啊，那该如何去区别两者呢？很简单，当一个人鼻子真正发痒时，他通常会用手揉鼻子或是用手挠来止痒，这和说谎是用手轻轻、快速地触摸一下鼻子是不同的。同用手捂嘴的姿势一样，说话的人可以用触摸鼻子来掩饰他的谎言，听话者也可以用触摸鼻子来表示对说话者的怀疑。

需要注意的是，不时地用手接触口鼻虽然是一个人说谎时最可能用到的姿势，但这绝不意味着只要一个人做出了这些动作，我们就可以立即断定他一定在撒谎。比如，某人说话时，之所以会捂住自己的嘴，是因为他有口臭，如果我们据此就认为他在撒谎，肯定会伤害到对方的。再如，当一个人陷入沉思而做出以上的动作，通常只是表示他完全沉浸在自己的思考当中。

**3. 手脚蜷缩贴近身体，因为缺乏安全感**

心理学家指出，手势在很多时候是一种无意识的动作，能较为真实地反映说话人的心理状态。由于人们经常使用手势，而且手部的动作比腿部的动作更容易观察到，因而手势是识别谎言的绝佳突破口。不过，只要我们仔细观察，就会发现手和脚的动作都传递着信息。

汽车销售员小陈最近业绩明显下滑，经理问他："你这个月怎么回事，业绩还赶不上上个月的一半？"

原来小陈最近迷上了网游，每天玩游戏到凌晨两三点，早上起不来，工作也提不起精神。被经理这么一问，不由得僵住了身子，把双手贴在大腿两侧，低着头小声说："最近我父亲身体不好，需要人照顾。"

像小陈这样，手脚贴近身体，身体缺乏动感，是明显的说谎特征。为了更好地识别人们在说谎时的状态，我们先来回想一下正常情况下的动作和姿势。当一个人充满自信、自由自在的时候，手和脚会自然地向外延伸。当他对自己所说的话深信不疑、感到兴奋时，会不自觉地运用各种手势来强调自己的观点，例如用手指指着别人或指向空中，表达坚定的观点。

反过来，当人们说谎时，由于集中精力在编造谎言上，身体语言会缺乏动感，明显的区别就是手和脚的动作会减少。如果是坐着，他可能会把双手放在大腿上，双腿交叠在一起；如果是站着，他可能会把手完全插在口袋里，或者双手紧握，手指蜷向掌心，这是出于防卫心态。说谎者缺乏安全感，因此会做出这些手脚蜷缩、贴近身体的姿势。其他典型的还有把手指放在嘴里、抓挠脖子以及拉扯衣领。

（1）把手指放进嘴里。

一般来说，一个人做出此种动作往往是下意识的，因为他可能正面临着巨大的压力。他之所以会做出这个动作，最主要的目的是想重新获得自己幼儿时期吮吸妈妈乳汁的安全感，因为在一个人的潜意识深处，吮吸妈妈乳汁是最有安全感的。所以，很多孩子在成年以前会用自己的指头或者衣领来替代妈妈的乳头，成年以后，他们则会用口香糖、烟斗等来代替。而说谎时担心被识破的不安甚至恐惧，激发了这种吮吸动作，因此很多说谎者会把手指放在嘴里，甚至开始咬指甲。

（2）抓挠脖子。

有些时候，一些人在撒谎时会用食指来挠耳垂以下的脖子部位。如果仔细观察一下，你就会发现撒谎者通常会挠 5 次左右，很少会出现少于 4 次或多于 8 次的情况。一般来说，挠脖子这一姿势代表不安、疑惑，或是“我也不确定我会同意”，“应该不会那样吧”等意思。如果一个人说的话与这一动作相矛盾的话，就会表现得非常明显。比如，一个人说，“我比较同意你的看法”，与此同时，他又用手挠着自己的脖子，这就表明他心里其实并不是真正同意你的看法。

（3）拉衣领。

身体语言学家通过实验发现了这样一个有趣的现象：当一个人撒谎时，会导致面部和颈部的一些敏感组织产生轻微的刺痛感，为了缓解或消除这种刺痛感，撒谎者往往会用手去挠或搓那些产生刺痛的部位。这就不仅说明了为什么人们在感到不确定的时候会用手挠脖子，也很好地解释了为什么一个人在说谎并怀疑自己的谎言已经露馅时，会不由自主地拉自己的衣领。

（4）不接触对方的身体。

身体接触通常发生在亲密的人之间，是亲近的表现。人们说谎时，会暂时停止接触对方的身体，以此来降低心中的罪恶感。

类似的安慰动作还有很多，在此不一一列举。当你看到别人在听到你的提问后，手脚弓成像胎儿的姿势，手脚的姿势都很僵硬；除非他是真的感到身体不舒服，否则就一定有所隐瞒。

**4. 不安的双脚泄露紧张情绪**

英国的一名心理学家通过实验发现了一个有趣现象：人体中离大脑越远的部位，越有可能反映一个人内心的真实感情。脸离大脑最近，因此人们常常伪装出各种表情来撒谎，可信度最低；手位于人体的中间偏下部位，可信度中等，一个人会或多或少地利用手势来撒谎；而腿和脚离大脑最远，相对于人体其他部位，它的可信度最高，一个人脚上的动作往往会泄露其内心的真实情感，当你怀疑一个人在说谎，但却看不出什么破绽时，不妨多加注意他的腿和脚的动作。

在某次会议上，总经理要求各部门经理汇报近半年以来的工作情况。很快，就轮到陈经理发言了。他整理了一下自己的衣领以后，便面带微笑地开始总结自己部门的工作情况。在他发言的过程中，总经理觉得陈经理今天有点不对劲，虽然他面带微笑，但嘴角总会偶尔歪斜一下，拿文件的手也在微微地颤抖着，更为奇怪的是，他的双脚在那不停地滑来滑去。稍微想了一下，总经理顿时明白了其中的原因。会议结束后，总经理让陈经理留了下来，说有事要单独和他谈谈。待陈经理坐下后，总经理单刀直入地问道："你为什么要在总结工作时撒谎？"一听这话，陈经理顿时满脸通红，连忙向总经理道歉，并请求其原谅自己。

为什么总经理知道那位陈经理在撒谎呢？很简单，因为陈经理在说谎的时候，尽管他做出了一些虚假表情，如面带微笑，并且努力控制自己的手部动作（其实还是没有完全控制住，仍旧在微微颤抖），但是他没有意识到在自己的发言中嘴角出现了歪斜，更为重要的是，他没有意识到自己下半身的动作增多了，如双脚在那"滑来滑去"，这些恰恰是一个人说谎时的动作。而他的这一切，正被总经理尽收眼底。这也是为什么很多企业的总裁总是喜欢坐在不透明的办公桌后面：

让桌子遮住自己的下半身，他们才感到舒适自在。因为一个人在撒谎时，他虽然可以控制上半身的动作、表情，但却无法有效控制下半身，尤其是腿和脚部的一些动作。

因此，当我们看到一个人双脚处于一种不安的状态，不停抖动或者移来移去，说明这个人的情绪也处于一种比较紧张的状态，或者在撒谎，或者内心处于一种不安定的状态。

**5. 把头撇开是因为想要逃避话题**

我们已经知道，人们说谎时，会下意识地避免与对方对视，例如低着头或者移开视线。如果此时说谎者内心十分紧张不安，他就会做出进一步的防卫动作，例如把头撇开，就好像在说："别再问了，我不想谈这个话题"。

把头撇开是人们说谎时的一种典型的防卫动作。如果仔细观察正在谈话的两个人就会发现，如果一个人对话题感到轻松自在有兴趣，会不自觉地把头靠向对方，仿佛希望进行更深入的交流。反过来，如果一个人身体后侧，把头撇开不看对方，说明正在谈论的事情令他感到不安，想要停止谈话。清白诚实的人面对别人的责问时，会积极地展开攻势，他之所以激动是因为不想被人冤枉。而心虚的人则会因为不安而做出防卫性的姿势和动作。

例如，乔安娜和约翰为一件事情大吵了起来，乔安娜认定约翰做了什么，如果约翰把头撇开，却不作辩解，那么看来确实有什么事情发生了。相反，如果约翰十分激动地立刻辩解澄清自己，他很有可能就是无辜的。

把头撇开已经显露出内心的紧张和不安，如果说谎者面对提问极度不安，就会想要逃避，但他不会拔腿就跑，而是寻求空间的庇护。就好像我们受到威胁时想要躲避逃走一样，人们在说谎时，心理上处于劣势，担心谎言被识破，会不自觉地移开身体，他绝对不会主动靠前，而是退后或者转身，以此躲避直面指控的威胁。例如，把身体转向门口的方向、背靠墙壁，而不是坐在屋子中间，因为这样他看不见背后发生的情况会更加不安。另一种方式是直接寻找“盾牌”来保护自己。例如紧紧地抱着一个抱枕、书包挡在自己的胸前，或者把酒杯放在身前，这些都是在两人之间制造一种障碍物，好像士兵举着盾牌来保护自己免受伤害，说谎的人利用这些物体挡在两人之间，免受言辞的威胁。

换句话说，人们交谈时，身体姿势和动作的开放程度和他的可信度成正比。一个人的姿势动作越舒适自在，就越说明心中坦荡无欺，因为他知道自己是清白的，所以没必要紧张不安。而对方如果不敢看你、不敢正面对着你、不敢接近你，那就是说谎的征兆。

# 从叙述方式发现谎言线索

### 1. 说谎者无法倒着叙述事情

从谎言的形式上我们可以把谎言分为两种，一种是掩盖事实，另一种是编造或者篡改事实。掩盖事实比较容易，而编造和篡改相对来说需要比较高明的说谎技巧，因为它需要说谎者无中生有，而既然是无中生有，就很容易露出破绽。当说谎者不断重复谎言时，难免会出现自相矛盾的地方，只要我们留心观察和分析，就很容易识破谎言。

美剧《别对我说谎》中有这样一个情节，识谎专家 Gillian 负责调查一位国会议员，当 Gillian 询问议员：“你上周五晚上是怎么度过的？”议员为了掩盖自己经常出入俱乐部的事实，于是开始编造所谓的“不在场证明”，他说：“我去国会的健身房游泳，然后回家看文件，吃过晚饭之后，我出席了一场社交活动。”这位议员的表述十分平静自然，似乎看不出什么破绽，然而 Gillian 要求他倒着再描述一次，即从他做的最后一件事开始往回说。议员立刻显示出来不安和惊慌，他开始语无伦次，完全不符合之前所描述的情形。

这是因为，当人们编造谎言时，倒着时间顺序来描述会非常困难，因为他先前编造出来的情形并不是真正的记忆，虽然说谎者会实现准备好要怎么回答，却几乎从来不会想过还要倒着顺序准备一遍，因此会显得惊慌失措，立刻就暴露了自己。我国历史上也有类似的事例可供参考。

唐朝初年，有一位刺史叫李靖，被人诬告意欲谋反，唐高祖指派一名御史调查此事。恰巧这位御史是李靖的故交，他知道李靖做人正派、为官清廉，绝不会做出大逆不道之事，一定是遭人陷害。这位御史左思右想，想到一条妙计。他向皇帝请旨，请告密者共同前去查办此案。皇帝欣然应允。途中，御史假装丢失了告密者的检举信件，四处寻找，假装非常害怕的样子对告密者说："这下完了，重要的证据被我弄丢了，不过还好，有您在，劳烦您再写一份就是了。"

那告密者无从推脱，只好硬着头皮，凭着记忆，又编造一份假证据。御史将这份新检举信与原件一比较，除了告李靖密谋造反的罪名一样，所列举的证据大相径庭，时间、人物都难以对上号，显然是恶意编造的诬告信。

御史巧妙地引出告密者自相矛盾、前后不一致的证据，揭穿了诬告谎言，使案件水落石出。

与前面倒着叙述的方法相类似，要求说谎者在不同的时间重复自己所编造的谎言同样可以让对方大乱阵脚。因为临时遗忘而编造另外的谎言能使人抓住自相矛盾的地方，即使事先有很充裕的时间来准备，说谎的人很谨慎地编造了台词，但假如他不够机灵的话，他也无法预期对方反问的所有问题，仔细想好所有的答案；而且，就算说谎的人很机警，当时的情况也会引出突发事件，本来说词是可以骗到别人的，但是一旦发生这种突然的改变，就会出现漏洞。

**2. 说谎大王都是"记忆专家"**

说谎者在毫无准备的情况下，常常对同样的问题编造出完全不同的答案，因为他自己也记不清自己上一次被问到时是怎么说的了。然而，如果说谎者事先知道将要面临询问，精心编造好一套说辞，那么他就立刻变身为“记忆专家”，不仅很久以前的小事都能够记得，而且每次回答的答案都一字不差，完全吻合。

警察在审讯犯罪嫌疑人时经常运用这个特征，如果警察讯问嫌疑人三个月前的某一天是怎么度过的，假如嫌疑人能够说出那天去了哪里、做了什么，就非常值得怀疑了。除非这一天是某人的生日或者其他意义特殊的日子，否则，正常情况下人们连一个星期前的一天做了什么可能都记不清了，何况是几个月之前。

英国心理学家怀斯曼曾经做过一个关于谎言的实验，他让著名谈话节目主持人罗宾爵士说一段真话，再说一段假话，用录像机录下来之后让大家分辨真假。两段话的内容如下：

对话一：

怀斯曼：“罗宾爵士，你好，请问你最喜欢的电影是哪一部？”

罗宾爵士：“是《乱世佳人》。”

怀斯曼：“您为什么喜欢这部影片呢？”

罗宾爵士：“这是一部非常经典的影片，演员都很了不起，男主角是克拉克·盖博，女主角是费雯丽，整部影片非常感人。”

怀斯曼：“那么您最喜欢其中哪一位呢？”

罗宾爵士：“哦，盖博。”

怀斯曼：“那么您最喜欢的这部影片您看过多少遍呢？”

罗宾爵士：“嗯……（停顿）我想大概有六遍吧。”

怀斯曼：“您还记得第一次看这部影片是在什么时候吗？”

罗宾爵士：“电影刚刚上映的时候，应该是 1939 年。”

对话二：

怀斯曼：“罗宾爵士，你好，请问你最喜欢的电影是哪一部？”

罗宾爵士：“嗯……（停顿）应该是《热情似火》。”

怀斯曼：“您为什么喜欢这部影片呢？”

罗宾爵士：“哈哈，我每次看这部影片都觉得非常有趣，这部电影里有很多我喜欢的东西。”

怀斯曼：“那么您最喜欢其中哪个人物呢？”

罗宾爵士：“嗯，我想是托尼·柯蒂斯，他实在是太帅了。（短暂停顿）而且他非常聪明，他模仿加里·格兰特简直出神入化。电影里，他试图抵挡玛丽莲·梦露的诱惑，可他采取的方式实在太逗了。”

怀斯曼：“您还记得第一次看这部影片是在什么时候吗？”

罗宾爵士：“电影刚刚上映的时候，但具体是哪一年我记不清了。”

据罗宾爵士自己所说，他最喜欢的影片是《热情似火》，而《乱世佳人》则是他看过的最无聊的影片之一。我们来具体分析一下两段对话有什么不同。在第一段对话中，当怀斯曼问他最喜欢哪部影片时，他想都没想就说出了答案，按照常理，人们在回答自己“最喜爱的”一类问题时至少会稍微作一番评估，除非是预先想好了答案才能如此反应迅速。其次，罗宾爵士清楚地“记得”自己在多年中总共看了六遍《乱世佳人》，对于自己看过很多遍的影片，一般人只会记得自己看过“三遍以上”或者“不少于五遍”等等大概范围，六遍未免过于精确，有明显的造假嫌疑。第三，罗宾爵士清楚地“记得”影片是在哪一年上映的，而且回答相当迅速，一般情况下，即使是自己喜爱的影片，也不会刻意记得它上映的时间，何况是很多年前上映的老电影。这些迹象都表明，罗宾爵士在第一段对话中撒了谎，破绽就是他那惊人的记忆。

总之，说谎大王都是记忆力很好的人。他们的话，说得越清楚越不可靠。

**3. 用暗示的方法回应，不作正面回答**

文学作品的描写方式有正面描写和侧面描写之分，谎言也是如此。说谎的人通常不愿意正面回答你的问题，他们既不想承认事实，又不想撒谎，所以往往采取一种折中的办法来应付你的提问，那就是暗示性的回答。

老师问小玉：“我发现最近你的作业和小芳很相像，她做对的你也做对，她做错的你也做错，你们俩是不是互相抄袭作业了？”

小玉低声说："我和小芳平时都不在一起玩，我妈妈每天都守着我写作业呢。"

像小玉这样的回答等于根本没有回答，面对老师的问话，她不能不回答，但又害怕被老师责骂，所以只能用"妈妈守着我写作业"来暗示自己是诚实的。暗示性的回答一方面避免了承认错误的麻烦，另一方面又可以减轻自己说谎的内疚感。除了暗示的回答方式之外，说谎者惯用的答话方式有下面 5 种：

（1）套用你的话回应你，拖延时间。

说谎的人在面对突如其来的盘问时，一时间来不及编造好答案，往往套用对方的问话来回应，以此拖延时间，来准备好一套说辞，对于说谎的人来说，一秒钟比一分钟还长，这个时间足以做好准备。

妻子问丈夫："你是不是偷看我手机短信了？"丈夫有些慌张地反问道："谁偷看你手机短信了？"妻子又问："那你刚才拿我手机干吗？"丈夫说："我拿你手机干吗？我以为有电话就帮你看了一下。"

套用你的话作为回应，不需要进行思考而且显得反应迅速，这就像早上上班时同事之间互道"早安"一样自然，根本不需要用大脑思考，就按照对方的话进行回应。除了反问和重复对方的话之外，另一种套用方式就是把肯定句换成否定句作为回答，如果对方说："你撒谎了。"心虚的人会回答："我没有撒谎。"而清白的人会回答："我说的是实话。"

（2）利用反问来拖延时间。

就像套用你的话来回应一样，反问也是故意拖延时间编造谎言的手段。反问对方有时比套用对方的话更有效，因为反问过后对方还需要时间回答，反问使说谎者进一步争取到了编造说辞的时间。常见的反问伎俩例如："你这是什么意思？""你怎么会问我这种问题？""你听谁说的？""你觉得呢？"

说谎者不但利用反问来争取思考的时间，还可以突现自己的气势，一副理直气壮的样子，有时甚至会以此震慑对方，不敢再多问。

（3）主动提供更多的“信息”。

说谎的人知道，如果自己什么都不说，正是心虚的表现。因此，他们可能反其道而行之，不但大大方方地回答你的问题，而且还主动提供更多的相关信息，一直到对方相信了为止。

妈妈盘问儿子周六一整天都去了哪里，儿子撒谎说去市图书馆看书了。见妈妈一脸的怀疑，儿子又接着说：“我还在图书馆遇见小明了，他说他每个周六都去那儿看书。”妈妈没说话，转身接着切菜。儿子赶紧又说：“小明还让我下周五去他家给他过生日，他还请了好多同学。”

就像这样，说谎的人急于确认你理解了他的意思，如果你表现出怀疑的神情，他就会继续提供更多的“信息”作为证据，可能会牵涉到更多的人物和事件，因为人们往往相信，描述得越具体的事情越有可能是真的。

（4）说漏了嘴。

很多说谎者都是由于言辞方面的失误而露馅的，他们没能仔细地编造好想说的话。即使是十分谨慎的说谎者，也会有失口露馅的时候，弗洛伊德将之称为口误。人们常会在言辞中违逆自己的意思，同时在内心中潜藏着矛盾，以致稍一大意就会说出本不想说的或相反的话，从而在口误之中暴露了内心的不诚实。因此，口误的必然情形便是说话者要抑制自己不提到某件事或不说出自己所不愿说的东西，但又因某种原因而“说走了样”。因此，偶然出现的口误有时恰恰就是真相所在。

（5）漫不经心地描述一件重要的事。

当我们不希望某件事情引起别人的注意时，我们会尽量使用平淡的语气来叙述，最好是轻描淡写地一笔带过，这也是说谎者常用的手段，他们对那些可能引起你怀疑的事情进行淡化处理。例如，你和妻子一边吃饭一边聊天，她忽然说：“哦，对了，我明天晚上要去参加一个朋友的生日聚会。咱爸的生日也快到了，我们想想准备什么礼物吧。”如果你的妻子平时除了工作以外很少出门，更不喜欢去人多闹腾的地方凑热闹，而朋友的生日聚会她却一点儿也不重视，那么明天的活动就疑点重重。快速地转移到父亲的生日话题上，表明她企图转移你的注意力，可见事情一定有蹊跷。

**4. 说话声音高而缺乏变化，是明显紧张的表现**

人们说话时，不仅说话的内容在传达信息，说话的声音也能表达含义。我们可以有意识地控制自己说什么，但很难控制自己的声音，特别是在说谎时情绪紧张的状态下，即使能够毫不费力地控制措辞，也很难掩饰自己声音的变化。情绪会影响我们说话的音调、音质和音量。例如，人们生气时，说话声音会变大、语速加快，音调提高。而当人们情绪低落时，说话比平时更慢，而且声音低沉、音量小。

人们在说谎时声音会变高，而且声调平平、缺乏抑扬顿挫，这是因为说谎者的声带像身体其他部位的肌肉一样，因压力而紧绷，所以音调变高，带有欺骗性质的陈述不会像发自内心的坚定观点那样带有抑扬顿挫，而是缺乏变化的平淡无味的声调。

说谎者的情绪差别也会导致不同的声调变化。有研究发现，当说谎者觉得自己有罪时，声音会变得像愤怒的时候一样，更快、更高、更大声；当说谎者觉得非常羞愧时，声音会变得像忧伤的时候一样，更慢、更低、更平缓。

通过语速也可以判断一个人是否在说谎。平时少言寡语的人突然间高谈阔论起来，我们就可以据此推测这个人有可能藏有不可告人的秘密。平时快人快语的人突然变得沉默寡言，我们就可以据此推测这个人很可能想要回避正在谈论的话题，或者对谈话对象怀有敌意和不满之情。回答问题的速度也是重要的线索，特别是关于价值观和信仰方面的问题，作答并不需要时间考虑，但是如何回答会影响别人对自己的看法。因此，说谎的人需要较长的时间考虑之后才会说出符合主流价值观的答案。同样，反应的速度过快也很蹊跷，就好像是事先已经准备好了答案等着你问他了，如果他平时说话都慢腾腾的，却突然不假思索地给出一个答案，那么这个说法绝对不可信。

除了声音的变化和语速之外，人们在说谎时还会有其他一些典型的语言特点。例如在谈话中停顿的时间过长或过于频繁，会延长用来停顿的语气词，如“嗯……”“哦……”，说谎者利用停顿的时间来想好下一步应该怎么说，或者直接因为紧张而变得结结巴巴。

根据有关研究，人们说谎时流露出的各种信号的发生率，如下所示：

（1）过多地说些拖延时间的词汇，比如“啊”，“那”等词占到40%。

（2）转换话题率为25%，比如，“因为临时有事情，那天去不了。”

（3）语言反复率为20%，例如，“本周的星期天吗？星期天要加班？”

（4）口吃现象为9%，例如，“什，什么？”

（5）省略讲话内容，欲言又止占5%。

（6）说些摸不着头脑的话。

（7）说话内容自相矛盾。

（8）偷换概念。

以上信号中，如果在对方讲话时有好几处得以验证的话，那就表明他是在说谎或者是有难言之隐。当然，这只是研究得出概率统计，仅供大家参考。总的来说，声音变化是判断一个人说谎与否的重要线索，当我们听别人说什么的时候，也要留心他是如何说的，这样才能有效地识别谎言。

**5. 提到的数字都是同一个数，或是它的倍数**

前面提到过，说谎大王通常都是“记忆专家”，他们能够清楚地“记得”很久以前的某一天自己去了哪里、干了什么，事先编造好的说辞可以一遍又一遍地重复一字不差。但是，一旦事情涉及数字，就没那么简单了。编造出来的数字会呈现出一定的规律，说谎者为了让自己的说辞显得流利顺畅，通常会落入数字的陷阱中，为了不出错，他们总是使用相同的数字或者同一个数的倍数。

在一次面试中，面试官询问应聘者过去的工作经验。

面试官："你做过几年的销售工作？"

应聘者："我做过 6 年销售工作，分别在 3 家不同的家电公司。"

面试官："谈谈你在上一家公司工作的情况。"

应聘者："我负责一个 6 人的销售团队，曾经连续 3 个月获得最佳销售团队的称号。"

应聘者在回答问题时反复提到 3 和 6 这两个数字，如果面试官足够聪明，应该知道这意味着什么。当数字信息重复出现时，往往并不是"纯属巧合"。

可见，虚构的情节总会显现出一些特征，除了重复出现的数字之外，事事完美的情节也是虚构事件的典型特征。诚实的回答通常同时包括正面和负面的情节，例如对方告诉你今天虽然路上堵车，但是他见到了多年的老同学，俩人聊得很开心。而虚构的情节总是事事完美。人们在撒谎时总是会忽略掉那些负面的东西，好让别人听起来更容易相信，而这恰恰就是谎言的破绽之一，把手机忘在出租车上、飞机晚点等信息是不会出现在虚构的情节中的。另外，如果你要求对方解释约会迟到的原因，他会告诉你路上塞车、出门忘带东西又返回去取等理由，在对这类问题撒谎时，大多数人则会编造一些令人头疼的负面的情节，这就要另当别论。

虚构情节的第三个特征是不涉及他人的观点，即第三人的想法和态度。尽管人们说谎时会非常谨慎地编造故事情节，但是他们通常只能够顾及自己的思维层面，要把其他人的观点加进来不是件容易的事，谎言被识破的风险会立刻增加一倍。因此，虽然人们的谎言中常常涉及他人，但是几乎不会把他人的观点纳入其中。

例如，你问女友周日的行踪，她说和朋友出去逛街了，具体又可能有两种不同的描述：（1）"我和娟姐去西单逛街了，她买了两条裙子，我本来看上一双高跟凉鞋，可惜没有我的尺码。"（2）"我和娟姐去西单逛街了，她买了两条裙子，她说我的眼光真好，帮她挑的裙子都特别适合她。我本来也看上一双鞋子，可惜没有我的尺码。”乍看之下，这两个回答是一样的，唯一的差别在于第二个回答包含了第三人的观点，即娟姐对“我”挑衣服眼光的评价，这样的回答更可信。而如果女朋友的回答是第一种，那么你或许应该再多问几个问题来试探真假。虽然不涉及他人观点的回答未必一定是假的，但包含了他人观点的回答，通常是值得相信的。

总之，当提到的数字都是相似的，或者是这个数字的倍数，或者不涉及第三者的评价时，有可能是在说谎。

**6. 谎言往往这样开始**

经验丰富的撒谎者经过长期的摸索和总结，形成了比较完整的说谎套路，他们知道怎样说谎更容易取得他人的信任。识破说谎者惯用的伎俩可以帮助我们迅速地辨别谎言，一般来说，说谎者往往会运用下面这几种方式：

（1）半真半假，真话假话混着说。

自然界的许多动物都有保护色，不容易被自己的天敌发现。谎言也往往有“保护色”，那就是谎话里面穿插的真话。高明的说谎者惯用的伎俩之一就是用真话来掩饰谎话，说话时半真半假，真真假假的成分掺杂其中，让人难以分辨，从而达到迷惑人心的目的。例如，有些医德败坏的医生明明知道病人得的是无药可治的绝症，在讲了一些病人的真实病况后，却引出一个闻所未闻的进口药，声称此“药”可治此病。这种真真假假、假假真真的话语，让人辨认起来更难分清哪句是真，哪句是假。

（2）主动亮出自己的“私心”。

精于撒谎的人通常也是洞悉人性的高手，懂得利用对方的心理。例如说谎者常常会主动亮出自己的“私心”，但他亮出的只是一个假的“私心”或小的“私心”，是为了掩饰自己内心真实的想法，而真的“私心”或大的“私心”，他是不会说的。例如，导游在带领游客到商场购物时，会事先主动告诉游客，自己可以从中拿到回扣，但是只有5%而已。比起那些拒绝承认回扣一事的导游来说，游客们觉得这位导游很实在，因此不会有抵触的情绪，反而会多买一些商品。其实这位导游拿到的真正的回扣可能超过了20%。这种谎言利用的是人们“以诚相待”的心理，用小“诚”来换你的“大诚”。

（3）贬低自己。

人们往往以为那些自吹自擂、夸夸其谈的人更容易撒谎，其实高明的撒谎者反而会做出谦虚谨慎的样子，故意贬低自己，从而降低对方的防范意识，容易获得对方的信任，待取得对方的信任后再开始“大动作”。

总的来说，如果你身边的人开始出现以上几种行为时，他们有可能要说谎了。

# PART 07

# 用真诚和谦卑赢得友谊

# 与人交往时别伤害他人的自尊心

现在的历史学家普遍认为，威尔逊总统的事业之所以失败，是因为他犯了两个明显的错误，使他的支持者感到自尊受了伤。

1918 年 11 月，威尔逊在休战条约签署后大获全胜，全世界为之倾倒——美国的两大党联合拥戴他；他的一举一动都为世人所瞩目。然而就在短短的一年后，威尔逊的威风一扫而光，完全失去人们的信任。

威尔逊的失败因素之一是上议院否决国联和《凡尔赛和约》；还有比这更致命的失败因素，那就是：他个人和政治生命中的两次彻底失败。而这，应该说完全是咎由自取。

在休战条约签署之前，威尔逊错误地签发了一封信：他命令选民只能选择民主党议员。当然，这打击了那些忠心拥戴他的共和党人。这就给他的对手可乘之机。结果，共和党在上议院获得多数席位。

事隔不久，他又不顾朋友的劝阻，没有安排一个上议院议员或者一个重要的共和党人进入和平委员会。这对于共和党和上议院来说都是一个重大的打击。

众所周知，上议院权力很大，只有上议院批准，威尔逊希望通过的条约才能生效。事实上，他在“一战”中树起的权威完全是他的和平委员会帮他奠定的。而他的所作所为却为自己广泛树了敌。最后，就连民主党人都不想再支持他，执掌着上议院大权的共和党人更是如此。

可见，威尔逊是自己点火毁灭了自己。

威尔逊的经历给我们敲响了警钟——在与人交往时，千万别伤害他人的自尊心。

一代圣明君主——赵武灵王，就是运用激发对方自尊心的战术，在削弱对方的反对心理的同时，赢得对方的支持，最后使自己的“胡服骑射”的提议顺利实施。

赵武灵王执政时期，有很多北方民族部落不断侵犯赵国，使赵国的安全受到了极大的威胁。为了抵抗外来势力的侵扰，并积累实力与秦、齐等诸侯强国抗衡，赵武灵王决定实行制度改革，包括将传统的步兵车战的作战方式改成骑兵战阵，将传统的宽袍长袖式的服饰改成有利于骑射的轻便胡服。但这些改革制度却受到了以公子成为首的一批宗室贵戚保守势力的反对。

一天，赵武灵王派王孙23去告诉公子成自己的意见，说：“我已经改穿胡服了，并要穿着它上朝，我希望王叔也能穿上胡服上朝。子女不能违背父母之命，臣子不能违背君王之命，这是先王定下的通则。现在我下令改穿胡服，如果王叔您不穿它，我担心天下的人会为此而议论我。治理国家，就要有一定的法则，以有利于民众为根本；处理政事，要有一定的法则，以政令能够通行为首要。现在实行胡服的目的，并不是为了放纵情欲，只顾自己享乐。凡事一旦开了头，成功就有了基础、等到事情完成以后，功业也建立了，政绩必然能显现出来。现在我只担心王叔违背了从政的原则。我说的这些供您考虑。而且，我听说，做事情只要有利于国家，做起来就不会有错误；办事只要借助贵族的力量，名声就不会受到损害。所以，寡人派王孙緤去拜见叔父，希望您穿上胡服吧。”

公子成再三拜谢说：“臣下本来听说大王改穿胡服这件事了，可是由于我正卧病在床，行动实在是不便，所以没能尽快去拜见大王及早进言。如今大王下了命令，臣下坚决对大王竭尽忠诚。只是我听说，中原地区不仅是聪明人士居住的地方，而且是各种物资聚集的地区。如今大王却舍弃这些固有的优秀文化，而袭用落后部族的服装，这是背离古人的教导，违背众人的心意，有悖中国的传统，臣下希望大王能够慎重地考虑这件事。”

使者把公子成的话报告给赵武灵王。

武灵王听后，便马上前往公子成家里，对他说：“衣服，是便于应用的东西；礼制，是便于行事的礼节。圣贤之人考察当地的习俗后而因地制宜地制作服装，根据行事的便利而制定礼法，这样做是为了有利于民众，增加国家的实力。地域不同，风俗习惯就不一样；事情不同，使用的礼制也要有所改变。儒家的师法相同，但是传下来的礼法却各不相同；中原地区的风俗相同，但各国的政教却不同，更何况是地处偏僻山区的生活习惯呢。

所以说，对于风俗礼制的扬弃或接受的变化，再聪明的人也不能使它固定统一；而不同地区的服饰，即使圣贤的君主也难以使其一致。穷乡僻壤多奇风异俗，孤陋寡闻的学者多诡辩。不知道的事情不要轻易怀疑，和自己的习惯不同更不要加以排斥，这才是大公无私地追求真理的态度。现在王叔所说的是有关世俗的意见，而寡人所说的则是革新之论。

如今我国的东面有黄河、漳水，我们和齐国、中山共同使用这些，但我们没有战船防御。从前，简主没有把晋阳到上党一带堵塞住，襄主兼并了戎族和代郡，再攻打胡人。这是愚笨之人和聪明之人都会明白的道理。过去，中山国依仗齐国强大军队的支持，侵犯掠夺我国的土地，掳掠囚禁我国的百姓，并引水围困鄗，假若不是祖宗神灵的保佑，那鄗城就会失守。

先王对这事非常气愤，时至今日他们的仇怨还没有报。现在如果我军能够改穿便于骑射的胡服，不但可以就近防守上党这样形势险要的地方，而且还可以远报中山侵略先王的仇恨。可王叔却固守中原旧俗，违背简主和襄主的遗愿，反对改穿胡服的倡议，忘掉了国家曾遭受的奇耻大辱，这绝不是寡人所期望您做的，相信这也不是天下百姓所要的。”

听了武灵王的一席话，公子成连忙跪拜，对武灵王说：“臣愚昧无知，竟没有体会到大王的良苦用心，只知道陈述一些世俗的言论。现在大王想要继承简主和襄主的遗志，以完成先王的心愿，臣又怎敢不服从命令呢？”

说罢，公子成再次跪地朝拜，于是赵武灵王就赐给他一套胡服。

赵武灵王为了拓展疆土、富国强兵，他力排众议、勇于革新、不为旧制和保守势力所束缚。最可贵的是，作为统治者，他能够顺应时势，在说服公子成时，能够营造一个相对平等的氛围，亲自移驾臣子的住处，给予对方足够的尊严，其目的是激发对方作为一个臣子的自尊心。在找到自己与对方的契合之处后，当机立断，结合内情和外情，使自己的行为合乎事理，再通过巧妙的言辞和道理，让公子成认识到自己目光短浅的弊病，说得其心服口服，接受了胡服骑射的革新理念。可见，赵武灵王是一个深谙内楗术的贤明君主。

那些大人物，能手握重权，使无数人甘心臣服而追随左右，都是因为他能充分尊重人，并给人以足够的自信。

鲍尔文机车公司的一个重要工程，因为一个一意孤行的爱尔兰老妇人而受到阻碍，她把雄心勃勃的撒默尔·夫克兰的计划彻底打乱了。当年，夫克兰还只是这家公司的小职员，成为经理只是后来的事。

当时，在夫克兰的建议下，公司买了一块地，想建起一所办公场所。但在这块土地上，有100多家住户，接到公司通知后，他们答应搬迁。

但让夫克兰没有想到的是，在一位爱尔兰老妇人的煽动下，一些住户改变主意，拒绝搬迁。而且她的煽动力很强，获得了当地居民的一致响应。

面对这种情况，夫克兰对上司说："如果动用法律强迫他们搬迁，肯定会拖上几个月，但我们需要尽快破土动工。用不明智的方式来驱逐他们，一定会招致许多仇敌……新建此楼是我的建议，所以我请求，此事交由我来办理，我会竭尽所能，让工程顺利进行。"

结果是，他让那些住户很快自动地搬离了此地。

夫克兰深知，这次行动的关键之处，就是那个一意孤行的爱尔兰老妇人。

这天，老妇人正坐在巷子里的一个门槛上。他也看见了夫克兰。她很不友善地对夫克兰说："你在这里走来走去想干什么？"

头戴旧草帽，身穿旧衬衫的夫克兰，像工人一样将两只衣袖一直卷到臂膀上。

听到老妇人的提问，他慢慢地走到老妇人的面前，嘲弄地说道："你一个人这么坐着，啥也不干，不觉得丢人吗？像你这么有能力的人，就该劝大家搬出去，住更好的房子。"

临别时，老妇人对夫克兰说："为你帮忙是我的荣幸。"

就这么几句话，夫克兰就重重地打击了老妇人的嚣张气焰，自己处于主动位置了。

从这以后，她成了那里最忙的女人，力劝大家搬离了那个地方。

夫克兰轻松地把事情搞定。

其实，夫克兰只是用了一个很简单的方法：激发了对方的自尊心。他首先是尊重老妇人的人格，十分诚恳地请她帮忙，然后还恭维她的领导才干，让她感觉到了自己被尊重，而且很重要，领导这方居民的事情非她莫属。

激起自尊心的战术，是让人喜欢并积极支持我们的良策。或者说，如果你想树敌，伤害他的自尊心也是最有效的。遗憾的是，很多平庸之人，遇事只想着用权势或暴力来解决，殊不知这只能导致失败。而以权威力量来使他人屈服的做法，只能伤害对方的自尊心，这是要不得的。

## 实施“请教方案”

燕昭王即位之时，燕国正处于内忧外患的危难境地，他决心励精图治，复兴燕国，洗刷先王的耻辱，一心要报齐国破燕杀父之仇。不过，他并没有完全依靠兵力和利器，而是先从招揽人才、虚心求教着手，这是明智之举。

燕昭王首先去见郭隗先生，说：“齐国乘我国内乱，发动突然袭击，攻破了燕国。我深知燕国势单力薄，无力报复。如果能得到有才干的人，与他们共同管理国家，来洗雪先王的耻辱，这是我的愿望。请问先生我应该怎么做呢？”

郭隗先生回答说：“明智的国君把贤者当成老师，共同商议朝事，不仅如此，明君还把贤者当成自己的知心好友，共商大事。只有愚昧的灭国之君，才会把贤者当成报仇的仆役，这样必然不能保全国家。所以，如果能够折节屈尊地侍奉贤者，屈居下位接受教诲，那么，比自己才能超出百倍的人自然会归从。如果凭靠几案，拄着手杖，盛气凌人地指挥别人，那么来的只会是那些供人驱使跑腿当差的人。如果为人放纵骄横，行为粗暴，那么，就只有唯唯诺诺的奴隶和唯命是从的人来了。大王若要得到天下贤者的鼎力相助，就要亲自登门拜访，天下的贤人听说大王的这一举动，就一定会赶着到燕国来。”

昭王说：“我应当先拜访谁才合适呢？”

郭隗先生说道：“如果现在大王真的想要招揽人才，就请先从我开始吧；像我这样的人尚且被重用，更何况那些比我还有才干的人呢？他们难道还会嫌千里的路程太遥远而不到燕国来吗？”

于是，燕昭王为郭隗专门建造了房屋，并尊他为师。

慢慢地消息传开了，乐毅从魏国来到了燕国，邹衍从齐国来到了燕国，剧辛也从赵国来到了燕国，有才干的人争先恐后地集聚燕国。

昭王又在国中祭奠死去的人，安慰活着的人，和百姓同甘共苦。

就这样，28年后，燕国殷实富足，国力强盛了，士兵们生活安逸，都愿意为国效命。

实施“请教方案”就像渔人一样多打开一些网，等待对手落入，只要方法得当，把引诱之辞作为诱饵，对手必定禁不住诱惑而落入网中。如果拿着网使对方表态的方法还不够用，就需要用请教的方法让对方主动提出可选方案，把内心的想法都表达出来，进一步暴露实情，这对我们掌控全局，控制对手非常有帮助。燕照王正是运用这一高超的智慧，使燕国出现了繁荣富强、国泰民安的盛世局面。

罗斯福在担任纽约市长时，有一次，普兰特·马修斯向他询问：“您是如何让那些政治头目乖乖服从的呢？”其实，马修斯是想知道，罗斯福是如何既能赢得他们的友谊，又能将他们所反对的一系列改革实行下去的。

罗斯福只说了一句：“只有用心才能成功。”

罗斯福看出马修斯的不解，接着解释说：“在开始实行此策略时，正好有一个机关缺人。我就拜托那些政治头目‘推荐’出一个人来。

其实，我是想让他们主动提出一些可选方案，让我深入了解在他们心目中有哪些人可选。不过，实施这一策略也有一定的风险，因为刚开始的时候，他们也许会推荐给你一个他们信任，但你嫌疑的人，这时就得仔细衡量和判断，同时要小心防范。”

罗斯福说：“当他们把那个人推选出来，我不能直接反驳，这样很容易引起他们的不满。所以，我只能委婉地说‘恐怕人们是不会同意委任这样的人的。’”

“然后，他们又派来另一个‘走狗’（不可信赖的人），那个人是有名的顽固官吏，虽不使人讨厌，也令人没什么好感。我就说，‘这也不是人们想要的人。’请他们再推荐合适的人选。”罗斯福回忆道。

罗斯福说：“之后，他们又推举出了一个也不是很合适的人选。但我还是对他们表示感谢，让他们再试试；直到他们推荐的第四个人，才是最合适的人选。于是，我对他们表示谢意，并立刻决定任用此人。我这么做是向他们说明：我之所以向他们请教，是因为对他们信任和尊重；我之所以能用这个人，是他们极力推荐的结果。”

最后，罗斯福说：“快要结束的时候，我会大方地告诉他们，我是为了取悦于他们，才这么做；这时再要求他们为我做事，他们也会感到非常愉悦。”

罗斯福就是这样，用他的才智使这些政治小头目俯首帖耳，并与他们相处得十分融洽，同时还征服了那些反对自己的人，真是一举两得。

可见，向对方请教他最感兴趣的问题，让他主动提出可选方案，并和他协商解决的办法，这是获得他人好感最稳妥的办法。

约翰·沃纳梅克有句名言：“就算是一个外行向你提出一个意见，哪怕它根本不能被采用，你也得鼓励他几句。”当我们真诚地请别人提些建议和意见时，对方就很容易接纳你。这会让他感到自己的重要性，方法很简单。我们应该向罗斯福学习，真诚而反复地向帮助我们的人致谢，自己也能达到目的，这是一种策略。

善于向他人请教，引发他的兴趣和表现欲，并真诚地表示谢意；有问题时平等谦逊地协商解决，尊重对方的意见或建议，对他的观点积极加以鼓励并成全，让他产生一种成就感和自豪感。有才干的人都善于运用这种方法为双方的进一步交流打下良好的基础。

# 多一点坦白和真诚

如果你能保持一颗真诚的心，就一定会得到别人的肯定和赞赏，更会收获成功的喜悦。威廉·史丹和他的好友约翰·高德都是十分热爱大自然的人，他们经常在休假期间一起结伴去旅行。

一次，他们坐车前往一个小地方旅游，到了那里，天已经黑了，他们就找了一家旅馆住了下来。

这个旅馆的老板娘是一个很可怜的女人，她的丈夫在二战期间不幸去世了。这么多年来，都是她一个人在打理这个祖辈留下来的旅馆。

由于旅馆已经有几十年的历史了，并因此久负盛名。很多到此地旅游的外来游客，都会将这里作为首选住址，当然这里的价格不菲。

老板娘是一个亲和、热情的人，威廉·史丹和约翰·高德在这里住了多日以后，便和老板娘熟识起来了。

在旅行结束的前一晚，他们和老板娘共进晚餐后就各自回房间休息了。

第二天，在威廉·史丹和约翰·高德即将离开旅馆的时候，老板娘把威廉·史丹拉到了一边，对他说："你们都很聪明，也很乐观，你们的快乐深深感染了我，和你们共同度过的每一天都让我非常地快乐。我想，这是我最宝贵的财富，我会将这段难忘的时光牢记在心中。我知道你们的名字，我记在了登记簿上，只是我还分不清谁是谁。"说着，老板娘便递给威廉·史丹一支笔和一个本子，继续说道："把你们的联系方式、地址和名字留下吧！"

威廉·史丹是一个警惕性和怀疑性都很高的人，他担心留下地址和名字很可能会有不必要的麻烦，于是，他在老板娘的本子上留下了约翰·高德的名字和地址。

日子过得很快，很多年过去了，威廉·史丹也渐渐地忘记了这段旅行中的小插曲。

有一天，他突然接到约翰·高德打来的电话，高德在电话里激动地对史丹说："喂！你还记得当年我们旅行时那个旅店的老板娘吗？昨天我收到了当地的律师事务所给我寄来的一封信函，信上说老板娘身患重病，不久前去世了，她在遗嘱中把她的旅馆和一大笔钱都留给了我。我现在也想不明白，这到底是怎么回事，她怎么会有我的地址呢？"

我们无法预知自己的命运，但如果你能够多一点坦白和真诚，凡事不要过于疑虑，也许你就会发现收获竟然如此简单。

在"一得"和"一失"之间有很多微妙的东西值得我们去思考，去品味。谁也无法预测当你失去某种东西的时候，会不会有一份大礼降临在你的头上。

在人际交往中，聪明者待人真诚，友善，他们从不会计较个人的得与失，更不会担心别人有求于自己、麻烦自己而拒人千里之外，这也是赢得对方友谊的一大策略。

一个微笑面对生活和他人的人，必然是一个有着磁石般人格魅力的人。他是个有心人，绝对不会为自己树敌，对他人及其事情表示出兴趣，也让他人永远地记住了自己。

哈蒙是一个传教士。一次，他被派到德国一个小镇上传教，因为他是犹太人，这里的居民对他很不友好，都像恐惧瘟疫一样避之不及，对他不理不睬。

哈蒙为人真诚、善良，他的性格很开朗，也很乐观。他从来都不会在意居民对他的态度。

哈蒙有一个习惯，他每天早上都要去乡间的小路上散散步，每次在乡间的小路上逢人就打声招呼，问声好。

镇上有一个很勤劳的年轻农民叫苏拉提，他总是早早地就来到自己的田里干活。每次哈蒙从他的地头经过的时候，总会摘掉帽子，礼貌地低头说一声："早安，苏拉提先生。"

可是，苏拉提和村里的其他村民一样，对哈蒙也没有好感，每次他就像没有看见哈蒙一样，连头也不抬一下。

尽管如此，平易近人的哈蒙依然没有改变自己遇人打招呼的习惯，直到延续到了纳粹党上台的那一天。

哈蒙被关进了集中营，他每天游走在一个一个的集中营里，一直到被送到奥斯维辛集中营的那天，他远远地看到营区中的一个指挥官手里拿着指挥棒，向左指一下，向右指一下。

哈蒙知道，发派到左边的人只有死路一条，而发配到右边的人还有生还的机会。就在他紧张万分的时候，突然听到有人叫自己的名字"哈蒙"，他紧张地应了一声"到"。

就在这时，那个手拿指挥棒的军官转过身来，两个人的目光相遇了，哈蒙认出了他是谁，原来他就是那位勤劳的年轻农民——苏拉提，哈蒙下意识地说了一句："早安，苏拉提先生！"

听到这个久违的问候，苏拉提那双原本冷酷无情的眼睛，突然有了一丝温情。

这一次，苏拉提第一次回答他："早安，哈蒙先生。"接着，他举起指挥棒对哈蒙说了一个生死攸关的字："右！"

哈蒙用一颗真诚的心来给予每一个人微笑和问候，只是出于内心中本质的意愿，不存在任何的功利性。而恰恰因为这种永不改变的真诚，打动了原本对他没有好感的苏拉提，可以说，哈蒙是用真诚挽救了自己的生命。

聪明的人都知道——真诚是无价之宝，它不仅能让你建立良好的人缘，赢得对方的友谊，还能给你带来意外的惊喜，更会给你带来获得财富和成功的机会。

人际交往中的真诚不等于双方毫无保留地相互袒露，它要求我们本着善意、理解和宽容，以及互敬互爱的精神，把那些真正有益于对方的东西系上美丽的红丝带送给对方。因为真诚不但能使你变得美丽，还能以温柔的方式化解人生际遇的各种坚冰，更能引导你直接到达光明的圣地。在不经意间撒下的那粒真诚的种子，往往会在你意想不到的时候开花结果。

人际关系系统大致由人与人的情感相容、相互认同、行为相似等方面构成，对于个性的全面发展，我们首先要注重提高自我修养，只有这样才能赢得真正的友情，得到他人的敬重，关键时刻，才会有人肯出手相救。因为一个具有大善大诚之品德的人，自然更能赢得他人的尊重和敬佩。

反之，如果一个人只顾贪图一时的安逸或小便宜，而做出背信弃义的事情，一定会被众人蔑视，也会失去别人的信任。那些过于看重社交技巧的人，常把社交当成一种技巧的游戏，不诚心以待，他们的社交行为往往是出卖他人，迷失自我。为了社交，他们不仅牺牲了内在的真实情感和自己的价值观念，更丧失了真与善的本性，这是不可取的。

聪明的人都会运用各种策略，真诚待人，微笑示好，以人格的魅力征服他人，成为他们个人的一种习惯和品质，所以，这种策略是在他们不自觉的行动中，满足了他人的自尊，产生了巨大的作用。

# “傻瓜原则”的智慧和境界

有一个老者，他是个非常成功的企业家，但他有一个习惯：从来不吃早餐，也不吃保健品。一般到这个年龄，各个方面的压力都比较大，身体也会处于一种亚健康状态，而他的身体非常健康，每天都是容光焕发，喜笑颜开。

有一天，一个老友好奇地询问他其中的奥秘，他笑着回答道：“其实也没有什么特殊的秘诀，我就是一个字——傻。我什么都不懂，只懂经营管理和喝酒。”

其实，谁都清楚像他这样成功的人，他的成功之路绝不会是一块没有人间烟火的净土，在商场的竞争中，也绝不会缺少人情世故的干扰和与竞争对手之间的较量。但正是一个“傻”字将一切都遮掩过去了，因为“傻”，没人为难他，因为“傻”，没人伤害他，因为“傻”，不用为计谋而劳神，更不用为算计而费心。如此一来，反而为自己赢得了一份好心情、一个好环境，能够集中精力做自己该做的事情了。所以，他才会享受成功带来的喜悦。

故事中的老者从来不把别人当傻瓜，反而将自己当“傻瓜”，其实这是一种很高的智慧和境界，即“傻瓜原则”。

大道至简，但简易不等于容易，简单也不等于愚钝，单纯更不等于幼稚。

我们都知道一种娱乐活动——下棋，这是一个能够真正考验双方智商的玩法。

在棋场上，往往有这样一个定律：低手下棋会有一厢情愿的思路：“这盘棋，我想怎么赢就能怎么赢，因为我懂得棋术。”

但事实上对手的棋术远超于他，一厢情愿的思路全是漏洞，当然很容易被对手打败。而高手恰恰相反，他在思考棋局的时候，不是把敌人当弱智，而是替对手设想出一个最强的应对方案，再为自己制定一个能够破解那个方案的计划。这样就会把对手的一切活动都掌握在自己的手中。正所谓：“大直若屈、大巧若拙、大辩若讷、大勇若怯、大智若愚”，都是告诫世人不要自以为是，否则将会弄巧成拙、得不偿失。

当迪斯雷里第一次登台时，没人愿意听他演讲，第一次的演说，是彻底失败了。但谁也没想到，后来，他成了一名优秀的演说家。这个瘦弱而苍白的犹太人，注定要成为领袖人物。

当年，年轻的迪斯雷里穿着白色马甲，系着金链子出现在人们眼前时，立即成为英国下议院的笑柄。这种鲜艳夺目的穿着，给他留下华而不实的名声，那些人都认为，他不过是徒有其表的公子，是一个不尊崇传统，不守正统的浪荡子弟，是一个自作聪明的家伙。因此，大家都不喜欢他。

遭到讥讽，当然不是一件愉快的事，甚至可成为一种没齿难忘的屈辱。然而他面对人们的嘲弄，只是沉默不语。而且，迪斯雷里还在这种处境中看到了光明，启发了自己的策略——他故作笨拙的演说，让那些讨厌他的人放下了武器，心生鄙夷，不再防备他。

每次演讲时，让大家感觉他很笨拙，思路毫无逻辑，推理极没章法，举例过于琐碎，事无巨细，把所有数目、日期、评估统计等，几乎像竹筒倒豆子，一股脑儿都说出来。他有意告诉人们：我没高人一等的自以为是，我比你们并不聪明。他以这种方式牺牲些“自我”，来慰藉他人。他的这种表现自然让人们处在云里雾里，摸不着头绪。

就在几个月后的一天，他突然露出庐山真面目，上演了一场极漂亮的演说，英国议员们一个个听得瞠目结舌。台下的人十分安静地听他演讲，从此对迪斯雷里刮目相看。后来，迪斯雷里做了英国首相，成为世界闻名的政治家。

我们不能说迪斯雷里的演说是最完美的，但他能赢得英国下议院所有议员的另眼相看，应该归功于他所运用的那种有效的策略。

由这些例子可看出，善于交际的人们都知道如何更好地与人相处，他们不会在别人面前炫耀，更不会自负、自我，也不允许在自己面前有自卑感，这是人际交往中的聪明之术，也是一种艺术。

著名政治家和外交家海·约翰便很会用此策略。毕修伯曾这样写道：“海·约翰有着非凡的谈吐，似乎他很善于从听众那里获取灵感，而有意表现出自己的平凡。在这方面，他和法国有着谈话天才美称的雷加米尔夫人很相似，她有一种能力是：让与她交谈的人感觉到自己的优秀。”

费城著名的工艺家卡朋特说：“在众人面前，如果你口若悬河地说话，并自以为智慧超群，而且很自满于自己的表现，那么人们是不会对你有多大的兴趣的……有些所谓的演说家，连这点基本常识都不懂，却总是绞尽脑汁地想弄点新颖材料，愚蠢地以为这些会使自己的演说锦上添花。事实上，他们这不是在取悦听从，只是在满足自己而已。”

越是平庸的人，就越想让人知道他的所谓的聪明，自以为别人都比他傻。而真正的聪明人绝不会刻意让人们去仰视他，而是以低调的傻瓜原则处世，以人格的力量创造出无形的权威来。

他们很会驾驭他人，其中的妙处在于：他藏起自己的聪明，在隐约之中让对方感觉到自己的聪明。

所以，在人际交往中，你要顾及别人的感受，尤其是你想赢得对方的友谊，你就一定要注意小心维护好对方的形象和自尊，在他们面前，要保持低调，避免自吹自擂、自我炫耀，而是要处处显示出你对他的重视。

只要你有一丝自大的心理，无论是否在言行中表现出来，都会对别人造成一种压力或是伤害，这对你们的交往都是很不利的。所以，我们一定要学会低调、韬晦，不要自我、自大、自负，有时在对方面前表现得笨拙一点，是为了自我保护，为了尊重别人，同时也是为了维护这段友情。

# 与人为善会换来别人的感激

在人际交往中，人们都喜欢与说话和蔼可亲，做事情的时候表现和善的人交往，因为这样的人大多是具有一定人格魅力的人，大家都愿意去结识。这种现象在心理学上叫“亲和效应”。

亲和效应的主要含义是：人们在交际应酬里，往往会因为彼此间存在着某种共同之处或近似之处，从而感到相互之间更容易接近，交流会更顺畅。而这种相互接近，通常又会使交往对象之间萌生亲切感，并且更加相互接近，相互体谅。

一般来说，人们在选择朋友时，往往会选择那些与自己的性格、习性、讲究、打扮、语言、交谈内容相近的人，因为大家很容易产生共鸣，沟通起来也很容易。

在与人交往的时候，大家都有一种认识倾向，对于那种看起来比较亲切的人会更乐于去亲近。

因为在人们的潜意识里面，常把具有亲和力的人当做是“自己人”，觉得可以和这样的人轻松地交谈，在其他条件大体相同的条件下，所谓“自己人”之间的交往效果一般会更为明显，其相互之间的影响通常也会更大。

西里刚刚搬进新居，很多好友都纷纷来为他庆贺。

在送走了那些前来祝贺的亲朋好友后，西里刚想休息一下，这时门铃又响了。他心想：这么晚了怎么还会有客人来呢？他打开门一看，门外站着两位不认识的中年男女，看上去像是一对夫妻。

正在西里疑惑时，那位男子先介绍说：“你好，我是吉尔，住在楼下，前来向你祝贺乔迁之喜。”

西里惊喜地说：“原来是邻居啊，快请进！”

吉尔先生连忙摇头说：“不麻烦了，很抱歉，你刚搬过来，就来打扰你，我们是有一件事情请你帮忙。”

西里说：“别客气，有什么事情需要我效劳的？”

“可不可以请求你以后出入防盗门的时候，轻点关门，因为我们住在一楼，老父亲心脏不太好，受不了重响。”吉尔先生用请求的口吻说道。

西里沉默了片刻，回答说：“当然没问题，就是有时候着急顾不上了。不过，为什么你父亲受不了惊吓，还要住在一楼呢？”

吉尔先生的太太连忙解释道：“其实，我们也不喜欢住在一楼，夏天的时候，那里还很吵。但是，老人家的腿脚不好，还有心脏病，心脏病患者需要适度的活动活动。”

吉尔先生的太太的话让西里的心里顿时一阵感动，便答应说，以后会小心的。

吉尔先生和他的太太对西里万分感谢，弄得他也挺不好意思的。

慢慢地，西里发现他们的公寓门与别处的公寓门的确不同，所有的住户在开关防盗门时，都是轻手轻脚的，没有其他公寓“咣当”一声巨响的现象。

后来，西里经过打听才知道，大家都是受吉尔先生所托。

时间过得很快，转眼一年过去了。一天晚上，吉尔先生和他的太太又按响了西里家的门铃，一见到他，二话没说，先给他深深鞠了个躬，而且持续了很长时间。

西里急忙扶起他们，见到吉尔先生的眼睛红肿，便询问发生了什么事情。原来在昨天夜里，吉尔先生的父亲病故了。

在病故之前，老爷子曾交代吉尔先生：这些年来给大家带来了不少麻烦，非常感谢各位对自己的照顾。他要求吉尔先生见到年纪大的邻居叩个头，年纪轻的鞠一躬，以此来表示对大家的感激之情。

听到这里，西里见到吉尔先生笔挺裤子的膝盖处果然有两块灰迹，想必是给年长的邻居叩头时粘上的。

送走了吉尔先生和他的太太，西里感慨万分：轻轻关门只是举手之劳，居然换来了别人如此大的感激……

只有待人亲和、克己为人的人，才会受人尊敬，哪怕只是做了一点小事，也会换来别人的感激之情。

心理学研究表明，每个人的外表都反映了他的内心，一个人的服装、表情、眼神、说话方式，以及每一个动作都在告诉别人你是否友善，是否愿意和人交谈。你表现得孤傲，那么大家都会觉得你很难相处，那么就没有人愿意来和你交谈了，大家都不愿意看到自己被拒绝的场面。

人际关系最重要的特点是它具有情感的基础，比如人与人之间的好感与反感、亲近与疏远、友好与敌对、合作与竞争等，都带有情感色彩。所以，为了使自己的热情获得对方的正面评价，有必要在交往或服务过程中积极创造条件，努力形成双方的共同点，从而给人以亲近感，赢得好人缘。

# 宽容能赢得多人喝彩

美国南北战争期间，有一个名叫罗斯韦尔·麦金太尔的年轻人被征入骑兵营。由于战事紧急，士兵奇缺，他在没有经过任何训练的情况下被临时派往战场。

因为罗斯韦尔·麦金太尔没有打仗的经验，他一想到要与敌人面对面的搏杀，就担惊害怕，最终在混乱之中逃跑了。

后来，罗斯韦尔·麦金太尔以临阵脱逃的罪名被军事法庭判处死刑。当他的母亲得知这个消息后，立即向总统林肯发出请求。她的信中说道：“由于自己的儿子年少，少不更事，他需要第二次机会来证明自己。”

这时，部队的将军们都劝林肯要遵循军纪，不可开这个先例，否则必将削弱整个部队的战斗力。一时间，林肯陷入了两难境地。

经过一番深思熟虑后，林肯最终还是决定宽恕他。于是，林肯亲自写了一封信，要求将军们放过罗斯韦尔·麦金太尔，信中提到：“本信将确保罗斯韦尔·麦金太尔重返兵营，此后，他将不受临阵脱逃的指控。”

多年后，一家著名的图书馆收藏了这封林肯亲笔签名的信，这封信早已褪了色，但信的旁边多了一张纸条，上面写着：“罗斯韦尔·麦金太尔牺牲于弗吉尼亚的征战中，这封信是在他贴身口袋里发现的。”

原来，当罗斯韦尔·麦金太尔得知林肯亲自下令，给予他第二次机会的时候，他就决定一心报效国家，由怯懦的逃兵变成了无畏的勇士，并且战斗到自己生命的最后一刻。

林肯的宽容获得了罗斯韦尔·麦金太尔的忠诚，最终誓死报效国家。

宽容不仅是一种雅量，文明，胸怀，更是一种人生的境界。它是一种仁爱的光芒，是对别人的释怀，也是对自己的高洁。一个人的胸怀能容得下多少人，就能够赢得多少人的喝彩。

在露易丝 9 岁时，正逢上三年级，她的同桌是一个很调皮的男生，经常欺负她。

有一次，男生无理地抢过露易丝新买的一支钢笔。这是在露易丝生日的时候，妈妈送给她的生日礼物，这次她终于将长时间的愤怒一股脑地发泄出来，她和男生扭打在一起，情急之下，男生用一个刀片划伤了她的脸，不算深，但很长。

露易丝大哭了起来，她不敢告诉老师，也不想以牙还牙。她的眼里含着泪，再次狠狠地看了那个男生一眼，她第一次注意到男生的嘴角边有一块痣，她永远也忘不了这颗痣。

而露易丝的脸上也永久地留下一条长长的伤疤，这对一个女孩子来讲，是多么痛苦的事情。在以后的学习和生活中，她成了同学们的笑料，从这时起，露易丝变得少言寡语，她只有埋头刻苦学习，用优异的成绩来弥补自己的缺陷。

时间一点一点地流逝，多年的努力也换回了成绩。如今，她已经成了一名医生，正值 28 岁的花季年龄，她身材高挑，体型匀称，可是当年的那个伤疤却成了她唯一的缺憾，致使她至今没有结婚。

有一天，在露易丝值班的时候，送来一位需要急救的人。当她见到这个人的时候，感觉很面熟。她不敢相信自己的判断，她又一次仔细地看着眼前这个病人，他的脸上有着跟同桌一样的痣。没错，他就是当年的那个男生。他是因为车祸而被送进医院的。

露易丝愣在那里，旁边的护士推了推她说："医生，快点抢救吧。"露易丝这才回过神来。

于是，她和护士们将他推进了急救室，手术时，她的心里有了强烈的思想斗争，露易丝回想起当年他是怎样用刀划伤自己的脸，又想到这么多年来，她如何面对众人的眼光……她迟疑了一会儿，但是，她依然行施了一名医生的职责，手术很成功。

后来，男生对她说了已经迟了太久的 3 个字——对不起，她也原谅了他。

在别人有意得罪时，能够用一颗宽容的心去原谅对方，这就是最大的美德。宽容不仅是风度，更是一种高尚的人格，如果你有了一颗宽容之心，就会发现人与人之间多了一份和谐。

我们应该学会宽容，要设身处地地为他人着想，学会从对方的立场来看问题，这样会使自己的观点更客观，态度更冷静。如果人人都能用一颗宽容之心待人，到处都会是一种和睦融洽的景象，生活也会变得更加的美妙。

# 表达感恩之情可以增加幸福感

在利尔顿读初二的时候，班级里换了一位新的数学老师，她的个子不高，长长的头发披在肩上，不过看上去没有其他女教师那般和蔼可亲，一脸严肃劲儿。

这位老师对学生很严厉，每天都是早早地来到教室检查早自习的情况，而且，每当从她的办公室窗前经过时，都能够看到她忙碌的身影，她对工作非常地认真负责。

但是，在利尔顿看来，她是一个很“怪”的老师。因为，正常的情况下，老师都会重视那些“优等生”，而她却格外看中像利尔顿这样的“差等生”。

在课堂练习中，利尔顿和其他的“差等生”经常会被点名到黑板上做题，如果有做得不对的地方，她都会在课下把他们叫到办公室一个一个地讲解，直到都懂了为止。

在一次数学测验中，利尔顿拿到了及格的分数，她还特意单独找他谈话：“利尔顿，你的成绩有很大的进步，老师相信你在下次考试中一定会得个‘优’的，你要继续努力啊！”

这些话对利尔顿来讲，真的是太珍贵了，因为自从利尔顿上学的那天起，他的学习成绩就不好，以前的老师从来没有重视过他。

正是因为班主任的鼓励，利尔顿开始发奋图强，在下一次考试中，利尔顿理所当然地得“优”，也就是从这时起，他从“差等生”变成了“优等生”。

后来，利尔顿才明白，这个“怪”老师偏爱“差等生”，是为了增强他们的自信心，激发他们对学习的兴趣。她用自己的一言一行，教给学生如何学习，如何做一个公正的人，正是她的“怪”改变了那些包括利尔顿在内的“差等生”的命运。

如今，利尔顿已经是一个企业家，而且当年同班的“差等生”也都有着很好的发展。这么多年过去了，利尔顿一直都记得当年那个“怪”老师的恩德。

多年后，利尔顿通过电视台，找到了“怪”老师，并在全国观众的面前，深深地向老师鞠躬，表示感谢老师对自己的栽培之恩。

每个人的一生中，都会遇到不同的老师。老师不但教授给我们文化知识，而且还教给我们很多为人处事的哲理。

所以，对老师的恩情是我们每一个人都不能够忘怀的。正如居里夫人所说的：“不管一个人取得多么值得骄傲的成绩，都应该饮水思源，应该记住是老师为我们的成长播下了最初的种子。”

感恩是一种美德，各种调查结果表明，表达感恩之情不仅可以增加健康感，还可以增加幸福感和愉悦感。

春秋时候，吴国将军伍子胥带领大军前去攻打郑国。

郑国的国君郑定公说：“谁能够让伍子胥撤兵，我一定重重地奖赏他。”

众大臣没有一个应声的。

3天后，一个年轻的打鱼郎前来晋见郑定公，对他说：“我有办法让伍子胥不来攻打郑国。”

郑定公仔细打量了眼前的这位打鱼郎，半信半疑地问道："你需要多少士兵和车子呢？"

打鱼郎回答说："士兵、车子、食物我都不需要，想让吴国退兵，我只需用我这根划船的桨就足够了。"

于是，打鱼郎带着船桨去吴国的兵营找伍子胥。

第二天，伍子胥果真退兵了。

郑国国君得知这一消息十分惊喜，召见那位打鱼郎问清原因。

打鱼郎回答说："几年前，伍子胥被人追杀，当他逃到江边时，被江上的一个老渔翁救了，助他过河。"

伍子胥过江后，立即解下随身带的宝剑，对那个老渔翁说："这把剑价值百金，我把它送给您，当作答谢。"

渔翁推辞道："按照法令，对抓到伍子胥的人论功行赏，不仅赏赐粮食5万石，还封爵位，这支仅值百金的宝剑太不足为奇了。你还是留着防身用吧。"

说罢，老渔翁便划船离开了。而这个打鱼郎就是当年那位老渔翁的儿子。伍子胥为了报恩，便答应了他退兵的请求。

伍子胥为了报答打鱼郎的父亲当年的恩德，不惜任何代价，毅然放弃了攻打郑国的计划，这就是"感恩效应"的影响。

英国作家萨克雷说："生活就是一面镜子，你笑，它也笑；你哭，它也哭。"当人生中出现种种不如意时，我们不能总是抱怨，而要善于培养自己感恩的心态，这样就容易获得快乐和幸福，而少了种种烦恼和郁闷。

一位心地善良的面包师来到了一个小镇，这里的生活很穷困，家家都难以填饱肚子。面包师看到十多个孩子蜷缩在街道的一角，心里一阵酸楚。

于是，他把这些孩子聚集在了一起，然后拿出一个装满面包的篮子，对孩子们说："这些都是我做的面包，很好吃的，你们一人分一个吃吧。"

孩子们都饿极了，他们就像一窝蜂一样蜂拥而至，围着篮子挤来挤去的大声叫嚷着：“快点抢啊……”，谁都想拿到最大的面包。一眨眼的工夫，篮子里的面包被“洗劫一空”。

但是，他们每人手里拿到面包后便兴高采烈地走开了，竟然没有一个孩子向这位好心的面包师道谢。

这时，面包师注意到一个小女孩站在旁边，静静地看着他。这个小女孩既没有和大家一起吵闹，也没有像其他孩子那样争抢。

她只是谦让地等着他们都拿到以后，才走上前，用那只冻得通红的小手在篮子里面搜寻着面包的影子。

就在篮子最底端的一处，她摸到了一个被人家抢掉的半片面包，小心地拿起来后，她并没有急着离去，而是微笑着对面包师说道：“非常地感谢您，能带给我们这么美味的食物。”临走之前，还亲吻了面包师的手。

接下来的几天里，面包师一直为孩子们无偿提供面包，而且来争抢的人越来越多。

那个小女孩来了，她还是默默地站在人群外面，虽然她长得很弱小，但是，面包师还是一眼就认出了她。

在大家都离开后，面包师走过来对她说：“孩子，饿了吧，前几天没有见到你，我特意为你留了一个面包。”说着，从怀里拿出了一个用纸袋装着的面包递到了小女孩的手中。

小女孩就像捧着一件珍贵的宝贝一样，还是用那个微笑，抬起头对面包师说：“真的太感谢您了。”并像上次一样吻了面包师的手后才离开。

小女孩高兴地跑回了家，把这个大面包交给了妈妈，当妈妈切开面包的时候，许多崭新的银币从里面掉了出来。

妈妈很惊奇地说道：“孩子，快点把这些钱币送回去，一定是面包师在做面包的时候不小心掉进去的。”

而小女孩将这些银币送回到面包师那的时候，面包师微笑着对她说："亲爱的孩子，这些钱币是我奖赏你的，这是我的祝福，祝愿拥有一颗感恩之心的你能够平安快乐。"

原来，这些钱币是对孩子懂得感恩的回报。

著名作家梅勒迪·比蒂说："感激揭开了美满的生活，让我们对所拥有的感到满足。感谢把拒绝转为接受，变嘈杂为有序，迷茫为清醒；让问题成为礼物、失败变成功，意料不到的事情也可以完美计划，错误也可以成为重要的事情。感谢帮助我们理解过去、给当下带来平和，然后创造美好的明天。"

当你用爱感恩别人的时候，其他的人也会因为你的感恩而感恩你。每个人都是你生命的贵人，你越对生命中发生的事知道感恩，幸运的事情越会一件件地靠近你。

每个人都具备这块幸福的法宝——感恩。无论你身处什么境地，只要怀着一颗感恩之心，你就会感觉心里暖暖的，有种幸福快乐的感觉。

正所谓："滴水之恩，涌泉相报；衔草结环，以德报恩。"这是一种最高尚的道德情操，更是一种不可多得的精神财富，它可以涤荡世间的一切尘埃，更可以净化我们的心灵。

其实，"感恩效应"就是传达出一种你"拥有"的信息。它是一种积极情感的最佳体现，它能够战胜时间的考验，当它升华时，可以奔流不息，更可以感天动地。所以，我们要将感恩进行到底，待自己有能力之时回报那些帮助过自己的人。

# 良好声誉是靠努力得来的

16 世纪末，一个荷兰商人为了避开激烈的海上贸易竞争，率领十几名船员出航，船上还装有许多别人委托他们捎走的货物，他的目的是从荷兰往北开辟一条新的到达亚洲的航行路线。

没过多久，他们的船行驶到了北极圈内的一个小岛上。船行驶在北极区域是非常危险的，荷兰商人很想快速行驶过去，但是担心的事情还是发生了。

一天清晨，船员们突然发现海面出现了大量的浮冰，船随时有被冰封的危险。若在此时返航，后面的航程浮冰会更多。

无奈之下，他们只能把船停泊在岛屿旁边，等待天气转暖。可这一等就是数月的时间，因为北极是地球上最寒冷的区域之一，年均气温在零下四五十度，暖和的日子屈指可数。为了抵御寒冷，荷兰商人拆掉了船上的甲板做燃料，用来保持体温。

这里的动物也是非常少的，只是偶尔能够打一些猎物来获取食物和衣服。在他们等待天气转暖的期间，有几名船员因身体虚弱无法抵抗严寒而相继死去了，荷兰商人船长悲痛万分。尽管如此，他们却未动别人委托给他们捎走的货物——足以挽救他们生命的衣物、罐装食物和药品。

终于，荷兰商人船长和其他几名船员等到了海上的冰雪融化。他们加速行进，最终把货物完好无损地带回了荷兰，交送到了委托人手中。当委托人看到这些货品时，他们震惊了，无不佩服荷兰商人的信誉和诚意。

后来，这件事轰动了整个欧洲，同时给整个荷兰带来了利润——赢得了海运贸易的世界市场。

从那以后，荷兰几乎垄断了全欧洲的海运贸易，甚至发展到了地球的每一个角落，成为整个世界的经济中心和最富庶的地区。而这一切，正源于荷兰商人船队忠于诚信的精神和商业法则。

巴尔扎克曾经说过："遵守诺言就像保卫你的荣誉一样。"荷兰商人船长真正做到了这一点，他和船员们用生命换回的诚信不仅仅是金钱，更是一种精神。一个人可以一无所有，但千万不能没有诚信，因为"人无信不立"。

24 岁的本杰明·富兰克林用借来的钱将合伙人的股份买下，就这样，年纪轻轻的他成了一家印刷厂和《宾夕法尼亚报》的老板。他青春年少，聪明勇敢，敢作敢为，勇于追求成功和快乐的人生，立志成为一个真正的"自由人"，并要成为美国最伟大的人物之一。

这次以后，本杰明·富兰克林就要主宰自己的命运了。即使现在的他负债累累，未来的成败也都不确定，但他不会害怕，更不会退缩。

面对商场上的残酷，本杰明·富兰克林暗下决心，一定要在商界建立起自己良好的声誉。他首先尽量减少工作中的失误，同时注意发现和弥补自己的不足，还要他人对自己的行为加以注意和校正。

富兰克林说："为赢得个人声望，我勤奋而节约，还要避免言行不一。我穿着俭朴，从不在任何地方游荡……有时，为显示我安分守己，我买纸时，会用一辆小车运回。这样，人家就会认为我勤俭节约并追求上进，在商界是守法经营的。渐渐地，我开始与那些文具商打交道，还有些开始积极给我的小报提供稿件，就这样，我的事业开始稳步前进了……”

用这样有意识的自我要求和自我展示，富兰克林让人看到了他的优点，树立起自己的良好声誉。

聪明人都知道，良好声誉是靠努力得来，而不是凭空而来的。

埃尔伯特·加里曾这样描述菲尔德：“他为自己赢得了一种诚实守信的名声，因此，人们都喜欢买他的东西。”

诚实是一个人成功建立人际关系网的基础，因为只有诚实的人才能赢得更多的敬仰和拥戴。

秦末有个叫季布的人，曾为西楚霸王项羽的部将，他爱打抱不平，对待朋友坚持以诚相待的原则，且言而有信，他以这种美德结交了许多朋友。大家都说：“得黄金百斤，不如得季布一诺。”

楚军和汉军交战的时候，季布曾让刘邦多次陷入窘境。后来汉高祖悬赏千金捉拿季布，并下令凡是敢窝藏季布的人论罪要灭三族。此时，季布正躲在濮阳一个姓周的人家中。周家人对他说：“汉王悬赏捉拿你，城里到处都是官兵，眼看就要搜查到我家来了，将军您若能够听从我的话，我便给你献个计策，否则，我情愿先自杀。”季布答应了他。

周家人把季布的头发全都剃掉，让他穿上粗布的衣服，并用铁箍束住他的脖子，把他放在一辆运货的大车里，将他和周家的几十个奴仆一同卖给鲁地的朱家。其实，朱家早知道此人是季布，故意把他买下来，让他在田地里耕作，并告诉自己的儿子说：“田间耕作的事情，都要听从这个佣人的吩咐，一定要和他吃同样的饭。”

说罢，朱家便离开家乡，到洛阳去了，拜见了汝阴侯滕公。

滕公见到朱家，非常高兴，为他设宴，喝了几天酒。朱家乘愉悦之机问滕公说：“季布到底做了什么，皇上要如此急迫地捉住他？”

滕公回答说：“因为季布曾多次为项羽让皇上陷于困境，惹得龙颜大怒，皇上对他恨之入骨，所以一定要重罚他。”

朱家说：“那么，依您看季布是一个怎样的人呢？”

滕公说：“他是一个有才能、讲信用的人。”

朱家说：“为人臣子就要忠于自己的主上差遣，季布受项羽差遣，这完全是分内的事。项羽的臣下难道能都杀吗？现在皇上刚刚一统天下，如果只是因为个人的怨恨而去大张旗鼓地追捕一个人，那么天下人应该如何看待他呢，况且季布的贤能人尽皆知，汉王如此急切地追捕他，他必然为了保命而逃出城去，如果向北逃就到了匈奴，如果向南逃就到了越地。这不是又损失了一个有能力为大汉江山效命的人了吗？您为什么不寻找机会向皇上说明呢？”

汝阴侯滕公听了朱家的这番话，已经猜到季布就藏在他的家中，便答应说：“那好吧，我试一试。”滕公等待机会，果真按照朱家的意思向皇上奏明。结果，皇上也就赦免了季布。

可见，一个诚实有信的人，自然得道多助，更能赢得他人的尊重和敬佩。反之，如果一个人只顾贪图一时的安逸或小便宜，而做出背信弃义的事情，一定会被众人蔑视，而且也会失去很多重要的朋友。

从社会交往的能力和适应力的角度看，为人适当圆滑，是一种良好交际能力的体现。他们往往对所处的环境和他人的感受有着极其敏锐的判断，会根据当时的情势特点说该说的话，做该做的事。所以，他们的适应能力很强，能够很快融入到一个全新的人际环境中。但是，在为人处事圆滑的同时，一定要记住一个社交根本——为人诚实，诚信为本。

## 主动请求帮助可化敌为友

本杰明·富兰克林在事业起步时，就遇到了困难：有人反对他的计划。但他运用了一些巧妙的心理策略，只用了短短一个晚上的时间，就成功地把一个对手转变为他终生的朋友。

那么，他到底用了什么方法呢？对此，富兰克林曾兴致盎然地描述过那时的情形。

他说："那时，我还很年轻，我在费城开了一家小印刷厂。在州议会的复选中，我被推举为宾夕法尼亚议会下院的书记员。就是在这个紧要关头，出现了事业危机：一个新当选的议员在正式选举之前为难我，他公开发表了一篇反对我的演说，我清晰地记得，那个演说的篇幅很长，措辞非常激烈，也很尖锐，他一点不把我放在眼里，并把我批得一文不值。"

"这个出人意料的情况，的确让我感到有点茫然而手足无措。坦白说，这位新议员提出他的反对意见后，我很生气。但他又是一位有才识又德高望重的绅士，他个人的杰出才能也使他在议院中的地位举足轻重。当然，我并不想为讨好他，为博得他的好感而卑躬屈膝地面对他。那次演讲后，我用了另外一个更妥当、更有效的方法。”富兰克林接着说道。

富兰克林又说：“我听说他收藏了几本相当稀有而名贵的书。于是，我写了封短信给他，表示我十分感兴趣，希望他能答应我的请求，让我得以阅读那些珍贵的书。他接到信后，很快就把书送过来了。一周后，我准时把那些书还了回去，同时还附了一封热情洋溢的信，表达了我的感谢之情……”

“后来，我们在议院偶尔相遇，以前见面从不和我打招呼的他居然这次主动向我问候，而且态度非常和蔼。临别时，他表示：以后将会尽他所能来帮助和支持我。从这以后，我们就成了非常要好的朋友。”

为何那位议员瞬间就改变了对富兰克林的看法呢？是什么使他改变了对富兰克林的看法，并心甘情愿地和富兰克林化干戈为玉帛呢？

其实，答案很简单。富兰克林用的策略就是：既让对方十分满意，又不会很麻烦他，在此情况下，主动请求他的帮助。

现在，我们来研究一下，这种潜在需要是如何在富兰克林和他的对手间发挥作用的。

富兰克林通过向对方借书这个小举动，向他暗示自己对他的崇敬，证明他在自己心中是很重要的，这样一来，富兰克林主动地“放低”了自己，给足了对方的面子。

于是，在他们两者之间，那位议员就成了高高在上的“强者”，而富兰克林则成了乞求帮助的“弱者”。从心理学角度来解释，就是富兰克林通过这个策略给足了他人的面子，激发起了他人的自尊心。当我们与他人的观点正好一致时，就能获得他人的好感。

再有，富兰克林通过向议员请求借阅那几本珍贵的图书，也在向对方暗示：我们有着相同的喜好——读书。由于这种心理策略契合了人性中的一种潜在的需求，所以运用时才能取得如此显著的成效。

这个心理策略看起来既巧妙又简单。但可惜的是，现实中没几个人能很好地运用它。

每个人都有这样的体验：当我们给人某种程度上的帮助时，想到这种举手之劳能让人感激地接受，我们会感到十分快乐。这是因为：在我们帮助他人时，我们的自尊心得到满足，会有一种很奇妙的成就感和幸福感。同样地，在我们向别人请求帮个小忙时，他们的自尊心也会得到满足，也会很愉悦。

世界是丰富多彩的，人与人也是各不相同。但因为以上的心理策略迎合了人性的一个普遍需要，因此，它几乎适用于所有人，而且效果明显。无论对熟人还是陌生人，亲友还是同事，无论是对支持我们的人还是对反对我们的人，这种策略都可说是一剂灵丹妙药。

但是，在人际关系中，我们必须留心：每个人身上的嗜好和习惯，也是他与别人最明显的不同之处。对他而言，他最乐意给我们的，是与他的特殊爱好相关的小恩小惠。所以，当我们请求对方施与一些他乐于奉献的小恩小惠时，我们就一定会赢得他的好感和支持。

另外，为了友好地与人相处，不妨有意识地找一些共同点，找出这些可以迅速拉近彼此距离，让彼此亲近起来的因素，在实际的交往中也会起到事半功倍之效。

人同此心，心同此理，在每个人身上，我们都会找到自己的影子。抱着这样的积极心态与人相处，自会找到共同点，交流起来不会没有共鸣，那么，与人亲近，建立和谐的关系，也不是难事了。

当我们表现出是真心需要他给予一些有关于他人兴趣爱好的小恩小惠时，就会在给足他面子的同时，激发起他的自尊心，这绝对是赢得一个人（无论是支持你还是反对你）好感和关注的绝妙方法。

## 微笑能传递动人的情感

奇宾·当斯是美国底特律最受欢迎的电台节目主持人之一。

他的节目收听率极高，他的知音不仅遍布底特律地区，而且遍及全美国。

当问到人们为何喜欢收听他的节目时，有的听众说，他的声音带着微笑；也有听众说，我们透过他的声音看到了他的微笑。

曾有听众要求见见当斯，想目睹他的微笑。

结果，这位听众如愿以偿了。当他看到声音、面部微笑如一的当斯时，兴奋地说："当斯，你的微笑和我们听到你的广播时所想象的一模一样。"

奇宾·当斯称，这份发自内心的、穿透声音的微笑让他收获了意想不到的快乐。

有位哲人曾说过："微笑是人类最美的表情。"微笑，蕴含着丰富的含义，传递着动人的情感。

珍妮是个普通的美国女孩，既无背景，也无技术专长。

美国联合航空公司招聘员工，珍妮带着她的微笑走进了面试间。

面试开始了，主考官却是背对着珍妮说话的。珍妮有几分不解，但她还是自信、愉快地回答了所有提问。

最后，主考官转过身来，对她解释道："要知道，你的工作将是通过电话来完成有关预约、取消、更换或确定飞机航班的事宜。"

主考官背对着珍妮，他并非无视她的存在，而是在体会、感觉她的声音里是否加进了微笑。

答案是肯定的，珍妮被录取了，她用真诚的微笑打开了所有人的心门。

从这以后，通过电话，顾客们感到了珍妮的微笑一直伴随着他们。在这浸润着微笑的声音中，他们开始了愉快的旅程。

通过声音传达微笑是艺术的。但是，穿透声音的微笑并不是艺术，它是美好心灵的天然反映。

在城市的繁华地带有一家颇具规模的花店，高薪聘请一位售花小姐。

在招聘广告上，老板并没有写什么具体的要求，前来应聘的人很多。老板挑来选去，选中了 3 位，分别试用一星期，然后根据表现决定录用其中的一位。

这 3 个女孩长得都很漂亮，但是条件各不相同：第一个女孩儿曾经在别家花店卖过 3 年的花，很有经验，她觉得非自己莫属了；第二个女孩儿是一个刚毕业的学生，因为她是花艺学校毕业的，卖花对她来说，可谓专业对口了，所以她觉得这个工作如囊中之物了；第三个女孩儿已经是一个女孩儿的妈妈了，原来她经常在家带孩子，孩子上幼儿园之后，她开始出来工作。她没什么经验，也没有什么理论知识，但是她没有放弃，想试一试。

一个星期的试用开始了，第一个女孩子因为有经验，见到顾客就不停地介绍各类花的花语以及给什么样的人送什么样的花，几乎每一位顾客进花店，她都能说得让人买去一束花或一篮花，一个星期下来，她的成绩非常不错。

第二个女孩子在试用时，充分发挥自己所学的专业知识，从插花的艺术到插花的成本，都精心琢磨。她的专业知识和她的聪明也使得她成绩斐然。

第三个妈妈级的女孩在试用期时，则有点放不开手脚，甚至刚开始还有点手足无措。但是她的脸上经常挂着微笑，从内心到外表都表现出一种对生活、对工作的热忱。一些残花她总舍不得扔掉，而是修剪修剪，免费送给路过花店的小学生，而且每一个买花的顾客，都能得到她一句伴随甜甜微笑的祝福——“鲜花送人，手有余香”。顾客听了之后，往往都会开心地回应她一笑，然后快乐地离开。

一星期的试用期结束之后，第三个人的销售业绩远远比不上前两个，但是老板却毫不犹豫地选择了她。

这位明智的老板认为，用鲜花挣再多的钱也只是有限的，用如花的心情、如花的微笑去挣钱才是无限的。花艺可以慢慢学，经验可以积累，但如花的心情不是学来的，因为里面包含着一个人的气质、品德和自信……果然，这个女员工在两三个月之后，因为积累的人脉越来越广，有很多回头客，生意就越来越好了。

生活中的你，是否也曾从别人的微笑中感受到尊重、肯定、接纳、关怀、友善……又是否将这种温暖传递下去呢？不要吝惜你的微笑，因为，一个微笑可以消除人与人之间的隔膜，可以拉近两颗心的距离，更可以温暖一颗心。

一位 7 岁的小女孩家住伦敦，在一次偶然的机会中，她遇上了某位陌生人，陌生人一下子给了她 4 万美元。突然间收到这么一笔大金额的馈赠让小女孩一时摸不着头脑，这个消息一经传开，几乎整个加州为之疯狂骚动起来。

记者们纷纷找上门来，采访这个小女孩：“小妹妹，你在路上遇到的那位陌生人，你认识他吗？他是你的某一位远房亲戚吗？他为什么会给你那么多的钱？ 4 万美元啊，那是一笔很大的数字啊！那位给你钱的先生，他是什么样的人呢……”

小女孩笑着回答道：“不，我不认识他，他也不是我什么远房亲戚，至于他为什么给我这么多钱，其实我也不知道……”

尽管记者用尽一切方法追问，仍是完全无法一探究竟。后来，小女孩的家人，试着用小女孩熟知的方法来引导她，要她回想一下，为何这个路人会给她这么多钱。于是，小女孩努力地想了又想，十几分钟过后，她突然告诉她的爸爸：“就在那一天，我刚好在外面玩，路上碰到那个人，当时我只是对着他笑了笑。”

爸爸接着问道：“那么，对方有没有说什么话呢？”

小女孩想了想，说：“他好像说了一句话：‘你天使般的微笑，化解了我多年的苦闷！’”

原来这个路人是一个富豪，一个不是很快乐的有钱人。他脸上的表情一直是非常冷酷而严肃的，整个小镇上，根本没有人敢对着他笑。

当这位富豪突然遇到一个小女孩，对着他露出真诚的微笑，使得这位富豪心中不自觉地温暖了起来，甚至足以打开心中纠缠多年的死结。

所以，富豪决定给小女孩 4 万美元，这是他对女孩的感谢，更是他在那个天使般的微笑中看到无限希望的一个印证。

在人际交往中，无论你面对任何人，都报以自己真诚的微笑，这样不但能拉近人与人之间的距离，对人产生一种亲和力，还会使人在不经意间就结成了一张关系网。

微笑效应，从心理学上看，微笑是一种特殊的语言——“情绪语言”，它可以和有声语言及行动相配合，起到“互补”作用，给人以美好的享受。它有着无限的力量，因为没有人能够拒绝这种动人的表情。

# PART 08

## 调节心态和情绪，避免冲动和发怒

# 保持半兴奋状态

有一次，拿破仑在打猎时看到了一个落水男孩一边拼命挣扎，一边高呼救命。拿破仑本想救他，但仔细一看，这河面并不宽，河水也并不太深。于是，他就决定让他自己脱险自救。

拿破仑端起猎枪，对准落水儿童，大声喊道："你若不自己爬上来，我就把你打死在水中！"那男孩见求救无用，反而增添了危险，便拼命地往岸边游，最终游上岸。

这个例子告诉我们：人的潜能是无限的，就看是否到了最危险的时候，是否要你的潜能来自救。不让自己成为一个溺水者，就要时刻保持一种半兴奋状态，就像在自己的心里藏着一把枪，逼自己的潜能不断地迸发出来。这样的你根本用不着别人拿着枪来激励自己。

英国心理学家罗布特通过研究指出：当 个人处于轻度兴奋，能把工作做得最好；当一个人处于极度兴奋时，随之而来的压力可能会使他完不成本该完成的工作；当一个人一点儿兴奋都没有时，也就是没有做好工作的动力了。

世界网坛名将贝克尔之所以被称为“常胜将军”，秘诀是在比赛中保持半兴奋状态，所以这被称为“贝克尔境界”。

鼓励别人是应该的，但这鼓励也该考虑到分寸，太高或太低了都不合适。太高了，会给人加压；太低了，似乎又不起作用。这就是说，能使人保持在半兴奋状态下的鼓励才是真正的好鼓励。

一位跳高运动员参加一次重要的国际比赛，经过几轮激烈的竞争后，他如愿进入了最后的总决赛——金牌的取得就在这最后的一跳中。

快决赛时，他的疲倦和紧张也达到了顶点。他的教练也十分紧张，又怕他因体力不支而懈怠。心想：胜败在此一举了，应该激励他一下，鼓舞起他的士气。

于是，教练故作轻松地对他的运动员说：“跳过了这两厘米，你想要的那幢别墅就到手了。加油！”

“嗯。加油！”跳高运动员一边举起拳头，一边点着头说道。心中也树立了为别墅也要一搏的信心和勇气。只是，那个若隐若现的别墅，遥远又很近，让他的心沉甸甸的。

决赛时，那个别墅的影子始终在脑海中闪现，以致不能使他完全放松地发挥。结果可想而知——他没有夺冠，没得到那块金牌，别墅的梦想也如泡影一样消失。显然，教练对他的鼓励反而给他施加了压力。

相比之下，另外一个教练却对他的运动员鼓励得恰到好处。

在洛杉矶奥运会上，当受了伤的跳水王子洛加尼斯同样面临着冲击金牌的最后一跳时，教练却是这么鼓励他的：“你妈妈在家等着你呢！跳完这轮，你就可以回家吃你妈妈做的小馅饼了！”

轻松得如同平常的聊天，让马上要参加决赛的运动员在紧张中平添几分轻松快乐。结果，洛加尼斯在决赛中发挥得相当好，一举夺得金牌。他用自己的实力、毅力和饱满的精神风貌超越了自己，也征服了全世界。

人生需要压力，如果没有，就不会紧张兴奋，就没有前行的动力。

但压力不能太大，即不能使人太紧张兴奋，超过负荷，就因无法承受而适得其反。

兴奋紧张的状态是人生前进的驱动器和动力源。没有紧张和兴奋状态下的压力，就没有进步。但是，凡事都需有分寸，过犹不及，最好的状态是半兴奋状态。没有兴奋，会百无聊赖；激情过热，会把理智烧光。

每个人都希望用能力来证明自身的价值，但人又是容易安于现状和偷懒的，所以，我们不能在安逸的环境中待得太久，忘了自己的理想和志向，也会逐渐丧失斗志。因此，不仅要居安思危，还要不断给自己加压，让自己保持在半兴奋状态。

当人处于紧张状态时，其心理压力是非常大的，这时可能反而兴奋不起来。如果想刺激自己的兴奋点，不能用太大的诱惑，否则会因为太兴奋而失去心理平衡。只有热情中的冷静才能让人清醒，冷静中的热情才会让人执着。我们需要热情，同样也需要冷静。

## 找到最适合的位置

英国管理学家德尼摩提出：“凡事都应有一个可安置的所在，一切都应在它该在的地方。”

德尼摩定律告诉我们，每个人，每样东西，都有一个它最适合的位置。在这个位置上，能发挥它最大的功效。

运用到实践中，对个人来说，德尼摩定律要求应在多种可供选择的奋斗目标及价值观中挑选一种，然后为之而奋斗。这样才可能激发我们的热情和积极性，也才可以心安理得。“选择你所爱的，爱你所选择的”，道理也是在此。

研究表明，一个人认为值得做的工作，一般要符合这几个条件：符合自己的价值观，适合自己的个性与气质，工作中能让自己看到成功的期望。达到了这几个标准，人们在工作时就能很好地投入。达不到这个标准，人们就会倾向于懈怠。这样做事不仅成功率小，而且即使成功了，做事者也不会觉得有多大的成就感。德尼摩定律要解决的就是这个问题。

人生中最可贵的是要认清自己的能力，不要好高骛远，所做的事业不在于大，而贵在适合自己，只要努力找到最适合自己的角色，做好自己最擅长的事情，就能获取预料之外的成功。

相信很多人都在《世界图书百科全书》中收获了广博的知识。不过，有一个小男孩在学会了大量知识的同时，还发现了这本让无数人心悦诚服的百科全书的不足之处。

他自信地说："这样的书被文字填得满满的，笨重的书卷中除了这些呆板的文字，就是那些虚无的插图，虽然它能够体现爱迪生的留声机的外观，却不能让我听听它刺耳的声音……"

男孩带着这样一种独特的想法，选择到西雅图湖滨中学读书，因为这是美国最早开设电脑课程的学校，只是，在这个学校里仅有一台租来的终端机，它的租金当然不菲。

当他第一次接触到电脑的时候，就像发现了新大陆一样，身体中所有的好奇细胞一时间都被激活了。只要一有时间，他就会钻进计算机房去操作那台终端机，一边操作，一边思考，几乎到了废寝忘食的地步。

13 岁那年，他就独立编出了第一个电脑程序——可以在电脑屏幕上玩月球软着陆的游戏。这样的成绩满足了他的好奇心，同时也增加了他对电脑软件的兴趣，而且已经入迷到神魂颠倒的地步了。

但是，就在他满心欢喜之际，一件令人失望的事情发生了：由于学校再也支付不起终端机昂贵的租金，把仅有的这台终端机退了回去。

这些日子，他早已习惯了终端机的陪伴，让他接受没有终端机的生活，十分困难，他感觉很痛苦。后来，他和同学们四处奔走，终于找到一个机会，就是帮助一家电脑公司清除电脑软件中的故障，用这个报酬来支付他们操作电脑的费用。

他在这段时间里，不仅学到了很多关于电脑硬件和软件方面的知识，而且他的实际操作技能也大大提高了，这为他日后的软件研究开发打下了精深的功底。

就在这个时候，他坚定了自己的伟大理想——把世界引向未来的时速之路。

17 岁那年，他考进了哈佛大学。上学的时候，他为第一台微型计算机开发了 BASIC 编程语言的一个版本。

为了追求自己的理想，在大学三年级的时候，他做了一个惊人的决定——放弃继续深造，选择软件开发。

随后，他一手创办了微软公司，并逐渐将软件产业化。如果你的办公桌上有一台个人电脑，里面装有微软的操作系统就是他的杰作。

他使个人计算机成了日常生活用品，并因此改变了每一个现代人的工作、生活以及联络方式，把世界推进到了科技时代。

是的，这位伟大的智者就是无人不知、无人不晓的比尔·盖茨。

一个有大作为的人，他重视的是生命如何存活的问题，知道优劣胜败，适者生存，所以他会兢兢业业地找出自己的定位点在那里。若想将命运掌握在自己的手中，关键是看你如何运筹帷幄。

正如比尔·盖茨那样，能够对自己的人生做出果断的取舍，放弃哈佛的学业，去追寻理想，这样无坚不摧的勇气就是来自于——他找到了人生中适合自己的角色位置。所以，他收获了成功人生。

比尔·盖茨在谈到自己的成功经验时说："我能够取得今天的成就，与我从小就喜欢电脑是分不开的，回想起来，我不过是选择了自己喜欢的事，做了适合我做的事。"

在人生这个广阔的舞台上，每个人都有一个最适合自己的角色，只有找准了这个位置，你才有机会实现自己的价值。当然，找出自己的位置是一个不断探索的过程，需要经历、知识和经验的一些积累，需要选择的智慧和有放弃的决断。

当你有了思考人生的能力，就一定要仔细想想自己最适合扮演什么角色，给自己定位成哪种角色才会让自己的人生更加精彩。

塞涅卡说过："如果一个人不知道他要驶向哪个码头，那么任何风都不会是顺风。"高情商者之所以能够拥有成功的人生，就是因为他们能够掌握好自己手中的舵，找到了最适合自己的角色，知道自己想做什么，适合做什么，一旦决定了自己的发展方向，就会全力驶向那里，一步一步地靠近成功。

在人生这个广阔的舞台上，每个人都有一个最适合自己的角色，只有找准了这个位置，你才有机会实现自己的价值。一旦发现这个位置不适合自己时，那就要及时转换自己的角色。

# 具有拷问自我心灵的意识和智能

一个人的行为除了受大脑支配外，还会受心理影响，甚至被你的心理特质所驱使。如果你具有一种拷问自我心灵的意识和智能，并能够真正了解自己的心理特质，那么你就能够成功。

迪克斯从大学毕业后被分配到当地油田钻井队工作，他工作的第一天，组长让他在限定的时间内登上几十米高的钻井架，把一个盒子拿给在井架顶层的队长。

迪克斯想：今天是上班的第一天，一定要给领导留下好印象。于是，他二话没说抱着盒子，快步登上那个通往井架顶层的旋梯。

当他气喘吁吁地登上顶层，把盒子交给主管时，主管只是在盒子外面签了个名，又让他送回给组长。于是，迪克斯又快步跑下旋梯，将盒子交给组长，而组长也只是在盒子上签了个名，让他再次拿给队长。

迪克斯对组长的要求很不解，他疑惑地看了看组长，犹豫了片刻，但为了给领导留下勤奋的好印象，他还是没有发问，转身登上旋梯。

当他第二次登上井架顶层的时候，已经大汗淋漓，两条腿也累得发抖。队长和上次一样，又在盒子上签下名字，再次让他将盒子送下去。他擦了擦脸上的汗水，转身下了旋梯，把盒子拿给组长，可是组长也是签完字后让他再拿上去。

这一次，迪克斯终于开始感到愤怒了，他尽力忍着不发作，抬头看了看那个已经爬了数次的旋梯，抱起盒子，蹒跚地往上爬。当他艰难地到了井架顶层的时候，汗流浃背的他第三次将盒子递到了队长的手中，队长看着他慢条斯理地说："你现在可以把盒子打开，看看里面有什么东西。"

于是，迪克斯打开了那个已经被汗水洇湿的盒子，原来里面只是两个玻璃罐：一罐是咖啡，另一罐是咖啡伴侣。

迪克斯看到盒子里的咖啡，心中的怒火蔓延开来，他把愤怒的目光投向了队长。但队长似乎无视他的反应，接着说道："把咖啡冲上。"

这时，迪克斯再也忍受不了了，"啪"的一声把盒子摔在地上，气势汹汹地说："你们是在耍人玩吗？我不干了，您找别人吧。"

坐在一边的队长，站起身来，直视他说："你可以走，但看在你上来 3 次的份上，我可以告诉你，这不是耍人，而是让你做些"承受极限训练"，因为我们是在海上作业，随时都会遇到危险，这要求队员们有极强的承受力，能够承受各种考验，只有这样才能更好地完成任务。哎，太可惜了，前面 3 次你都已经通过了，只差了最后的这一小步，你没有喝到这杯在成功后为自己冲的甜咖啡，现在你可以走了。"

听了队长的话，迪克斯才恍然大悟，原来这是对自己的考验，只可惜自己没有足够的耐心，没能克制自己愤怒的情绪，所以只好带着遗憾无奈地离开了。

迪克斯距离自己的成功只有一步之遥。但是，因为他没有克服自己的心理弱势，致使这一步之遥演变成了千里之外，让他无法接近成功之门。

其实，人的心理特质是很多层面的，每个人的心理成分都不是单一的，而是多种多样的。靠一两种心理特质难以正确分析、预见一个人的未来。

比如，仅凭野心，是很难肯定一个人能否成就大事的；只有恒心，也不能判断此人会成就伟业；只有安心，也无法断定生活就会一帆风顺，因为生活是“五味俱全”的综合体。

所以，若要准确地预见命运，必须了解自己几种典型性的心理特质，最好是 3 个以上，这样才能最大限度地接近真实结果。

针对迪克斯的心理特质，他应该加强自己的耐心、野心和恒心。耐心能够赋予他一个坚持到底的信念，能够帮助他克服自己的心理弱势，压制怒火，心平气和地应对所有的考验；野心能够让他具有一种不服输的韧性，无论有多少艰难险阻，无论要付出多少代价，都能一鼓作气，勇往直前；恒心能够使他拥有挑战自我的勇气，不会因为一点的磨难而轻易放弃。

所以，如果迪克斯能够积极改善自己的心理特质，将耐心、野心和恒心融合一体，并使其发挥各自的积极作用，那么，最后他就一定会品尝到那杯甜咖啡的味道。

现在，你可以静下心来，回想一下以往的经历，想一想自己是否有过和迪克斯相似的情况，仔细检验一下自己的心理特质，找到自己的心理弱势，再根据实际要求改善它并完善它。如果你能积极地改善自己，那么成功将会在前方的不远处迎接你。

一个人的行为、情绪、表情，乃至眼神，都是受多种心理特质共同作用和影响的。而只有积极的心理特质综合起来后，才可以发挥正面作用，你表现出来的情绪反应才是稳定的、平和的。

## 情绪与心理承受能力和阅历修养有关

情绪化有时源于个人脾性暴躁，喜怒无常，有时因为实在难以控制，也与一个人心理承受能力和阅历修养有关。

一般来说，一个成熟的，有丰富阅历，又有较高文化修养的人，就会有更高的自制力，客观积极地看问题，即便有不快不满或者不平不公，也会抱一颗豁达开朗的心面对，就会把不良情绪自己消化掉，避免情绪化，别人也就不会受到他的不良情绪的影响。这个人的社会公众形象也就相对好些。

有一次，一个青年军官和一个工作人员为了一件小事争执了起来，两个人都认为自己的做法是正确的，谁都不愿意退让。这一幕正好被林肯看到了，他立刻喝止了青年军官，并责罚了他。

青年军官对林肯的做法很不服气，他辩解道："您甚至还没有问一问我们是为什么事而争论，就决定惩罚我，这未免太不公平了吧！"

林肯坚定地回答道："凡是成大事的人，都不会浪费时间在这些小事上，更不会浪费时间承受结果，包括他情绪的变坏，脾气的暴躁和自制力的丧失。你不能以这种方式过分地显示你自己，必须放弃那些不值得坚持的事情。即使你属于正确的一方，也要放弃。你明白了吗？”

林肯见青年军官似懂非懂，就接着说：“与其为了争夺路权而被狗咬伤，还不如将路让给狗，因为即使你后来将狗杀死，也不能医治好你被狗咬的伤口。得不偿失往往是那些自制力弱，辨别力差的人常有的结果，所以他们的命运是可悲的，毫无光彩的。”

那个青年军官听了，顿然醒悟，从此不再和人争论。

其实，但凡是获取大成就的人，都会把自己的愤怒、恐惧、激情等当作是一种“自我情绪”来处理。他们从不盲目地压抑，也不钻牛角尖，更不会把自己情感的变化加之于周围的环境和周围的人。所以他们的成功之路走得顺风顺水。

当然，只要是人，哪怕是已经具有成熟人格的人，就免不了有喜、怒、哀、乐等情绪的转换。有时他们也会莫名其妙地忧郁和感伤，但他们绝不允许这些不良情绪主宰自己。因为他们知道太过情绪化会对自己和别人起到负面影响，这会直接影响人际交往的效果。

盖特和博尔是同一所高校的高才生。盖特是一个才智超群、思路敏捷、雄心勃勃的人；博尔是一个才华横溢、沉着冷静的人。

毕业后，两人一起开了一家餐饮公司。起初，公司的规模不大，员工也只有 30 人左右。

虽然公司在发展的过程中，遇到了很多的问题和障碍，但是盖特和博尔本着奋战到底的精神克服了一切困难，带领所有员工坚持到底。就这样，在他们的努力下，公司的营业额稳步上升，规模也随之逐步扩大。

但是，就在公司进入正轨的时候，盖特就逐渐地表现出了自己要独挑大梁的意图，无论做什么决定，他都希望以他的观点为主。

有一次，在开设连锁店的预案上，博尔提出了反对的意见：“虽然公司有了点成绩，但是想要拿出将近 2 / 3 的资金去投资连锁店，我感觉不保险，而且在一些启动方案上还没有一个完善的计划……”

但还没有等博尔把话说完，盖特就反驳道：“我已经做了一个规划了，再说以前大部分计划也都是我的主意啊，不然公司能有今天吗？这个连锁店我一定要开。”

两个人当时争执不下，盖特的态度惹得博尔很生气，虽然如此，博尔还是心平气和地反复劝盖特，可是盖特不但一句也听不进去，反而怒火越来越大，最后还要对博尔大打出手。同事们把盖特拉出了办公室，大家劝他说，现在公司的情况确实不适合开设连锁店。这让他认为，所有人都偏向博尔，心中的敌意也油然而生。

之后，盖特开始玩弄权术，事事针对博尔，千方百计地让博尔出局。博尔从未反击，不是因为胆怯，更不是因为无能，而是因为他顾全大局，不想因为个人而损害到公司及员工们的利益。

半年后，盖特又设了一个圈套，将博尔挤出了公司，一些老员工们都了解了盖特的为人，也相继离开了。博尔撤资后，盖特终于达成了他的愿望，开设了连锁店。但是，不久由于投入太大，总公司资金周转不灵，他最终破产了。

盖特的智商自不用说，他的才干也是一般人无法比拟的，他完全能够通过富有成效的行动，更好地拓展自己的才华和热情洋溢的品质，来赢得更多人的支持，而不使自己陷入到毫无益处的冲突中。那么，为什么他还是逃脱不了失败的命运呢？

与博尔不同，盖特让自己的情绪控制自己，成了名副其实的情绪奴隶。他不懂得考虑他人的感受，更不听取他人的意见，一意孤行。他不是对事情进行冷静的思考和分析，而是立刻得出情绪化的破坏性结论，这让他恼羞成怒，由于无法控制自己的情绪，最终他只能在众叛亲离的境况中结束一切。

他不但失去了财富、他人的信任，更失去了宝贵的友谊。而这一切都要归咎于他太情绪化。

由于人们已经形成了一种思维定式：经常会误解事实，或者无凭无据的胡乱猜想所听到的事实，即忽视实情，相信假象。而没有质疑或核实事情的准确性，就妄下结论更是坏习惯，这时就会自然生成负面情绪，导致事情朝着不利的方向发展，那么最终的结果自然不尽如人意。

那么，如何才能避免这种情况呢？

答案就是——培养自我控制力，了解自己，认识自己，利用现有的条件做力所能及的事情，不夸大自己的能力，更不会贬低自己的一切。

这样一来，当你陷入某种困境时，你的情感才会保持冷静，你的思路才会更加清晰，你的行为才能保持正确，进而帮助你走出困境，重新获得自由和光明。

当然，培养自我控制力并非易事，我们要不断地努力学习。那么，要从哪里着手呢？

首先，要认识并准确表示自我情感，争取做到在情感失控和被情感控制之前，你先控制它。如果我们自己和他人的情感起了冲突，那么你首先要做的就是准确表示自我情感，通过表示就能判定情感与情境是否相符，进而找到错误在哪一方。若是错在自己，就要主动调整自己的情感，化干戈为玉帛；若是错在他人，就要努力磨合情感，以免激化矛盾，这在人际交往中非常重要。

其次，当你遇到一件很棘手的事情时，要自我选择如何去反映，而不是任由“亚情感”自由发展成“我已无法控制，只能随意妄为”的地步。

再次，要提高心理承受力和修养，尽量在人前克制情绪化；同时也要正确认识一个人的情绪化，学会理解宽容。一个人的修养的最高境界就是能够控制自己的情感情绪，这是一种意志力的胜利。明智的人总是尽力保持自己的自控能力，因为气度恢宏、胸襟宽广的人都不会轻易受情绪的左右，这也是他们能够广交天下友人，成为成功者的关键性因素。

最后，要注重培养自己的情绪思维，使其更灵活合理地应对各种状况，不至于一遇到突发事件，就手忙脚乱。

这些看起来比较复杂难成，其实不然。因为每个人都具有一定的情感认知能力基础。只要你够努力，就能最有效地运用这些技能去创造更美好的生活。

情绪效应，是指一个人的情绪状态可以影响到他人对其今后的评价。情绪化会严重影响一个人的人际交往。因为情绪是传染的，所以，我们有责任也有必要控制自己的不良情绪，尤其是每一次交往中，一定要避免给人留下不良情绪，避免传染给他人，否则，你留给人家的第一印象就大打折扣了。

# 世间事并没有绝对的好与坏

所谓“有”就是存在的意思，属于物质范畴，它代表一种正在孕育万物的状态；而“无”则是具体的物质之所以存在的结构方式、时空关系、运动和变化形式等等，也可以用“自然规律”来概括，代表天地万物还没有生成以前的混沌状态。“有”和“无”不可分，有“有”就有“无”，有“无”就有“有”，纯粹的“有”和纯粹的“无”是不存在的，它们相互对立、相互依存，这就是老子所说的“有无相生”，即相生理论。

宋国时期，在北边的边塞地方有一个叫塞翁的人，他很善于推测人事吉凶祸福。

一天，塞翁养的一匹马从马厩里逃跑了，邻居们知道这个消息都赶来慰问塞翁，而塞翁一点都不难过，反而笑笑说：“我的马虽然走失了，但这说不定是件好事呢？”

邻人以为塞翁难过过度了，丢了马明明是件坏事，哪来的好事呢？

数月后，发生了一件不可思议的事：老翁丢失的那匹马自己跑回来了，而且还带回来一匹可爱的小马驹。

邻居们听说这个事情之后，又纷纷跑到塞翁家来道贺。

这一次，塞翁反而皱着眉头对大家说："没有任何付出，就得来这匹骏马，这恐怕不是什么好事啊！"

邻人又迷糊了：白得了一匹小马驹，明明是好事，哪来的坏事呢？

小马驹渐渐长大了，塞翁的儿子骑着这匹胡地来的骏马出外游玩，结果一不小心从马背上摔了下来跌断了腿。邻居们得知这一情况后，纷纷赶来塞翁家，劝他不要太伤心了，没想到塞翁平静地说："没关系的，虽然我儿子的腿摔断了，但说不定这是件好事呢！"

邻居们认为塞翁可能是伤心过头，脑筋都不清楚了：儿子瘸了腿，怎么可能有好事呢？

过了一些时候，塞外发生了战争，朝廷征集青壮年入伍。由于胡人非常的剽悍，大部分的年轻男子都战死沙场。而塞翁的儿子由于腿部残疾，不用当兵，反而因此保全了性命。直到这时，邻居们才领悟到塞翁之言中所隐含的智慧。

"塞翁失马"的故事在民间流传已久，从中我们可以领悟到一个哲理：宇宙万物是相互转化变化的，坏事在一定条件下可能变成好事，同样好事也可能会转变成坏事。这与老子的相生论一致。

比尔克从美国加州大学毕业后，他在冬季的一次征兵中，被条件最艰苦、最危险的海军陆战队征去服役，这让刚刚走出校门的他感觉很懊恼，他的志向根本就不在此，他也觉得自己很倒霉，要去受罪。

负责征兵的军官看到比尔克愁眉苦脸的样子，就开导他说："孩子，不要担心，也不必害怕。你到海军陆战队将有两次机会，一个是分到外勤部门，一个是留在内勤部门。如果你分到内勤部门就没什么可担心的了。"

比尔克听了军官的话，更是担心不已，嘟囔着说："那还有可能被分到外勤部门呢！"

军官说："那也没关系啊，你同样有两个机会啊，一个是留在美国本土，一个是分配到国外的军事基地。如果留在美国本土，那你还有什么可担心的呢？”

比尔克带着一脸无奈，接着问道：“那如果我被分到国外，该怎么办呢？”

军官笑了笑：“那还是有两个机会啊，一个是分到和平友善的国家，一个是分到战乱冲突的地区。如果你被分配到和平友善的国家，那就是一件值得庆幸的事情了。”

这位年轻人越听越疑惑，不禁用手挠了挠头，说：“可是万一被分到了战乱冲突的地区，那该怎么办啊？”

军官说：“你同样还是有两个机会，一个是平安归来，一个是不幸负伤。如果你安全回来，那你现在不就是自寻烦恼吗？”

比尔克还是很担心，停顿了一会说：“那我要是不幸受伤呢？”

军官说：“还是有两个机会。一个是伤势无大碍，可以复原；一个是没有保住性命，救治无效。如果你的伤势无大碍，那就福大命大了。”

比尔克听得胆战心惊，最后问：“那万一救治无效呢？”

军官笑了笑，拍了拍比尔克的肩膀，对他说：“孩子，你真的是庸人自扰啊，现在你还没有入伍，就有这么多的担心。不过，我还是要告诉你这最后一个问题的答案。其实，还是有两个机会供你选择。一个是你冲锋陷阵为国而亡，那你就成了为国捐躯的英雄；一个是你临阵想要脱逃而不幸遇难，那你就成了胆小怕事的狗熊。我想，在这两者中，你肯定会选择前者了，既然是英雄，那你还有什么可怕的。”

很多时候，我们在看问题时，总是看到问题的一面，要么是好，要么是坏。其实，世间事并没有绝对的好与坏。

因为人生中无论遇到什么样的际遇，都会有两个机会，一个是好机会，一个是坏机会。不过，好机会中，常常藏匿着坏机会；而坏机会中，又常常隐含着好机会。关键是我们用什么样的眼光、什么样的心态和什么样的视角去看待它。

若是用悲观消极的心态去对待，那么，好机会也会变成坏机会的；若是用积极乐观的心态去看待，那么坏机会也会成为好机会。

有一位有勇有谋的大臣，他有一句大家都耳熟能详的口头禅——“这是件好事”。

一天，国王在金銮殿里擦拭宝剑时，不小心将自己右手的小指头给割断了。那位智慧的大臣闻讯立即赶到宫殿，看到国王正在包扎那只鲜血淋漓的手指，这时，智慧的大臣不由自主地说了一句：“这是件好事。”

国王听到这番话顿时勃然大怒，并下令将这位出言不逊的大臣关入大牢，此时智慧的大臣也没有惊慌，他在离开之前，还幸灾乐祸地说道：“这是件好事。”

几个月后的一天，国王带着众位大臣来到森林狩猎，由于国王痴迷于一只羚羊，竟无意间穿过了国界，追逐到了食人族的地盘。食人族将国王和随从的大臣们都抓起来，其中一个巫师决定用国王的血来献祭。

正要举行祭礼时，巫师却发现国王左手少了一根手指。按照食人族的规矩，肢体不健全的人是不能用来献给祖先的。

所以，当即将国王逐了出去，而那些和国王一起被抓的大臣们却没有一个活着回来的。九死一生的国王回到宫中，想起当初他受伤时，那位智慧大臣的话：“这是件好事”，国王恍然大悟，连忙吩咐下去马上将智慧大臣从大牢里释放出来。

国王为在这几个月中对智慧大臣的怠慢而深表歉意。而智慧大臣还是那句：“这是件好事。”

国王疑惑地问道：“我把你关了这么久，对你来说，这也是件好事吗？”

智慧大臣笑着回答道：“这当然是件好事了。如果我不在牢里，一定会陪您一起去狩猎的，那么我今天也就不能站在这里了。”

在好事中，有坏的因子；在坏事中，也有好的契机。正如老子所言：

"祸兮，福之所倚；福兮，祸之所伏。"故事中，国王的手指被割断了，这让他幸免于难。而智慧大臣由于被关了起来，这让他也逃过一劫。

人生在世，若把追名逐利、达官显贵视为奋斗目标，那么生活便终是没有属于自己的地方，这样的人生又有什么意义呢?

也许，在某天的某一时刻，当我们品尝着手中香醇的咖啡，回首过去时，才会发现自己当初有多少的错误，但错与对之间，也是相生，有错必有对，有对必有错。其实，很多事情并不在于什么是对，什么是错，何为先，何为后。因为万物轮回，皆于人心，错与对、成与败、悲与喜，皆藏于相生理论之中。

所以，无论遇到福还是祸，我们都要懂得调整自己的心态，要超越时间，和空间去观察问题，要考虑到事物有可能出现的极端变化。这样，无论福事变祸事，还是祸事变福事，都能有足够的心理承受能力。

所以，当我们面对各种矛盾时，要懂得怎样平衡，如何释然，这便是人生之道。

很多情况下，人们的痛苦与快乐，悲伤与喜悦，并不是由客观环境的优劣和事情结果的好坏所决定的，而是由自己的心态和情绪决定的。

其实，很多时候，悲喜就在于你的一念之间。

遇到同一件事，有人感到痛苦、悲伤，有人却感受到快乐；有人会临阵退缩、恐惧不安；有人却能勇敢面对，泰然自若。出现这种现象的关键就在于，一个人是否有足够的心理承受能力。

现实是残酷的，而正因为它的残酷，才更精彩、更美丽。自我调控能力强的人在遇事时，会用积极的心态看待一切，即使心中有疑虑、有担心，也能及时地调节自我，让自己重新振作，这样一来，悲伤、惆怅等消极情绪自然会远离他，围绕他的只会是喜悦和轻松。

成功的人都是敢于正视现实，勇于与现实做斗争的人，他们都走过一段悲喜交加的艰辛之路，也都有一部血与泪交织着的奋斗史。只有在悲苦的钢丝上和失败的砧铁上不断锤炼，才能锻造出钢铁一般的品质。其实，正视现实，最重要的是要正视悲痛、挫折、苦难和失败。

指望改变现状而让自己摆脱悲伤，这只能是幻想；指望改变别人而让自己快乐起来，这是不可靠的，弄不好还会陷入别人更消极的情绪中。只有你自己才能无条件地听你调遣和支配，自己的情绪只有自己能调节，自己的人生只能自己负责，因此，无论何时，都要提醒自己：你要改变的，你能改变的只是你自己。

所以，当我们遇到困难和挫折，身处逆境的时候，要调节自己的情绪，化恐惧为勇敢，化悲愤为乐观，运用反向心理调节，使自己从困难中奋起，从逆境中解脱，从而享受喜乐人生。

心理学认为，人对好坏、福祸和自我评价来自价值选择，当消极的情绪困扰你的时候，你应当改变原来的价值观，学会从相反的方向思考问题，积极调节和改变自我对事情的看法，这样就会使你的心理和情绪发生良性变化，从而得出完全相反的结论。其实，很多时候，悲喜就在于你的一念之间。

# 谦虚是一种修养和品质

卢维斯定理是由美国心理学家卢维斯提出的，其含义是：谦虚不是把自己想得很糟，而是完全不想自己。如果把自己想得太好，就很容易将别人想得很糟。

老子云："是以圣人后其身而身先，外其身而身存，以其无私，故能成其私。"意思是说，有道的圣人谦虚谦让退身于别人后面反而能居前列。将自己的生死置之度外反而能保全自身。这正是因为他的无私，所以反而能成就他自己。

公元前 270 年，秦昭襄王即位后，大权仍被太后和魏冉所操纵，他常因不得志而不开心，一心想得到有识之士的帮助，以摆脱太后和魏冉的控制。

秦国穰侯魏冉正在谋划发兵攻打齐国一事。此时，下人给秦昭襄王送来一封信，并禀告说："大王，上书人要求晋见大王，那人说有急事。"

秦昭襄王正处于求贤若渴的阶段，所以他立即答应在离宫召见这位上书的人。在秦昭襄王赶去离宫的途中，突然冒出一个大汉，挡着他的轿不肯避让。

秦王的侍从大声吼道："快让开，大王驾到！"

谁知，那个挡道的大汉高声反问说："秦国还有大王吗？我只听说秦国有太后、有穰侯，却从来没有听说秦国有大王呀！"他的这些话被车内的秦昭襄王听见了，他察觉到这位大汉一定不是等闲之辈。于是，秦昭襄王连忙下车，上前一问才知道此人就是上书的范雎。

秦昭襄王请范雎一同前往离宫，到了离宫后，秦王屏退左右，诚恳地向范雎请教治国之道。

其实，范雎挡住秦王的去路，就是想以此试探秦王的诚意。秦王的所作所为让他看见秦王确实至诚至恳，所以，范雎就直言不讳地说："以秦国现在的实力足以征服诸侯，但十多年来，仍没有大的进展，究其原因，不排除掌握秦国大权的太后和穰侯没有尽心尽力，当然大王在治国的策略上也确有不足之处啊！"

秦昭襄王连连点头，表示赞同，谦虚地问道："先生所言极是，请先生分析其中缘由，寡人愿闻其详。"

范雎回答说："我们先不谈太后和穰侯专权一事。这次我们主要讨论一下大王失策的问题。眼下穰侯魏冉正准备出兵攻打齐国，但这一决定缺乏可行性。因为齐国离秦国很远，中间还隔着韩国和魏国。即使把齐国打败了，也无法连接齐、秦两国。而且，如果处理不当，齐国还有得而复失的危险。所以，此时最好的策略是远交近攻，暂时团结齐国，先攻下临近的韩魏两国，再向齐国发兵也不迟，那时再攻打齐国，就易如反掌了。"

对于范雎制定的远交近攻之策，秦昭襄王非常赞赏，还拜范雎为客卿。

秦昭襄王的成功正是源自于他的谦虚态度和知人善任，不但能够虚心请教于范雎，而且能够采纳忠言，倾力推行范雎的远交近攻的方针，以此击破了其余6国的合纵势力，扩大了疆域，为后来秦始皇统一中国奠定了坚实的基础。

谦虚不仅是一种好学精神，更是一种修养和品质。谦卑和敬畏的心态，才是成熟的心态。

牛顿是一位世界闻名的物理学家、自然哲学家、数学家、天文学家。当他成名后，曾有人问他成功的秘诀是什么，他说："假如我有一点小小成就的话，没有其他的什么，只有勤奋；假如我看得远些，没有其他的什么，那是因为我站在巨人们的肩上。"

一个如此伟大的科学家，尚且说出这样谦虚的话，那我们普通人呢？我们有什么理由自以为是，有什么理由骄傲呢。

古人早就说过："谦受益，满招损。"只有谦虚好学，兼收并蓄，广纳雅言，择其善者而从之，才能收获更多。所谓虚怀若谷，谦虚不仅是一种人生态度，更是一种修养，一种品质，一种境界。

所谓虚心，就是能够自觉修正错误，敢于接受真理。虚心的态度无论在何时、何地都能让你受益匪浅，使你获得生意上的、名声上的、人品上及人际关系等诸多收益。

纪晓岚曾指出："处世圆滑，内心中正，不同流合污而为人谦和"。其要领在于：处理具体事情的时候，可以适当掌握尺度，依形式和情况的不同而灵活地应用不同的方法。但是，在内心中，一定要保持"诚实"的正义。一方面在做事上，对于该坚持的事，你应该坚定地表达自己的意愿和想法，注重培养自己的独立思维；另一方面在做人上，应该设身处地理解别人的意思，做出适当妥协，保持谦虚和善的作风。

在人际交往中保持适度的弹性，把握说话的分寸，学会婉转和含蓄，以保持平衡的人际关系；同时要与朋友进行真正有价值的交往，在日常生活中建立起深厚的友情。在工作中，对不同类型的同事采取不同的策略，重视生活中的应酬，通过一些生活和工作的细节树立好的人缘，与上级保持良好的人际关系，以便于更好开展工作。

需要强调的是，谦虚不是低声下气地俯首称臣，不是事事唯唯诺诺，不是没尊严没原则地做人处世，而是在自知基础上的学习和修炼，只有如此，才能保持清醒的头脑，才能成长成熟，有所成就。

# “热炉效应”的应用

史蒂芬在《管理学》中曾提到这样一个事例：

屋子中间生着一个旺盛燃烧的火炉，围坐的人们如果不加以注意，就很有可能手脚被烧伤。当然，任何人如果去碰它，自然会受到“烧烫”的“惩罚”。

这个逻辑被称为“热炉效应”。热炉效应与惩处中所含的警告性原则（教育并警告：如有触犯纪律，就会受罚）、一致性原则（只要触犯纪律，就会受罚）、即时性原则（一旦触犯，立即惩罚，不会拖泥带水，不能有时间差）、公平性原则（对所有触犯者的惩罚都一视同仁）是相通的。

热炉效应作为一种规则在管理中被普遍引用，它明确地告诉所有人，尤其是职业人：纪律是保证组织有效运行的法宝，纪律不可触犯。而对于个人来讲，只有遵纪守规，才能很好地在组织里得以生存。

春秋时期，吴王阖闾执政，为了称霸诸侯各国，他四处网罗人才。后来伍子胥向他推荐了大军事家孙武，也就是《孙子兵法》的作者。

吴王仔细阅读了孙子的兵法极为满意，立即召见了孙武。

吴王对他说：“你的兵法，真是精妙绝伦。你能不能亲自操练一下，让我看看呢？”

孙武回答说：“当然没有问题，您可以随便找些人来，我马上操练给您看看。”

为了考验孙子，吴王提出让宫女作为士兵进行训练。孙武把她们分成两队，只见旌旗招展，战鼓排列，十分美观。这时，吴王又把自己最宠爱的两个妃子叫来配合孙武的训练，孙武让这两位妃子当队长。

接着，孙武认真、细致地向宫女们说明接受命令的口令，以及相应的操练要领。交代完毕后，训练正式开始了，击鼓时前进，鼓停时立正。但是，宫女们平时只是唱歌跳舞，说说笑笑，根本没有经历过这种阵势，全都笑成一团，走路的样子也是七扭八歪。

此时，孙武命人把刑具摆在校军场上，并威严地说：“练兵不是小孩做游戏，如果再不听从号令，就要斩首论处。”

宫女们听到孙武的话，开始有些认真了。孙武命令擂起战鼓，开始操练。

孙武发令：“全体向右转！”宫女们一个也没有动，此时两个妃子却大笑起来，随后宫女们也跟着笑起来。

孙武见状，厉声大喝，叫她们听从命令，但无济于事。

吴王看到孙武对宫女们无计可施的情景，觉得非常有趣，心想：你孙武再大的本领，也无法让这些宫女们听你的调动。

这时，孙武严肃地说道：“如果没有把动作要领交代清楚，这是将军的过错。但是，如果将军把一切都交代清楚了，而士兵却不服从，那就是士兵的过错了。依照军法，违犯军令者斩，而且，队长带队不力，应先受罚。来人，将两个队长推出斩首！”

吴王看到这种情形大吃一惊，见孙武是认真的，于是要求让他放了两个妃子。但是，孙武义正词严地解释说：“吴王既然要我演习兵阵，我一定要按军法规定操练。况且军令如山，否则根本无法治军。”

就这样，吴王眼睁睁地看着自己两个心爱的妃子上了断头台。

鼓声第三次响起，这次训练的宫女们再也不敢嬉笑了，个个精神集中，步伐齐整，就像训练有素的战士，孙武顺利地完成了操练任务。

吴王虽然对孙武斩了自己的爱姬心中不悦，但仍然佩服孙武治兵的才能。

可见，孙武是明白“热炉法则”中一旦触犯纪律，就立即处罚的原则的。正是因为这样，孙武后来被任命为吴国军队统帅，负责军事训练和调度，从此吴国的军事实力日益强大，兼并了许多国家，挤进强国之列，奠定了自己的霸主地位。

从另一个方面讲，吴王的那两个心爱的妃子正是因为没有做到遵守军规军纪，才会落得悲惨的下场。

可见，从古至今，纪律都是对事不对人，是不能讲情面的。应该指向触犯者的具体行为，而不是他本人。要重事实而不做与客观事实不符或无关的品评。比如，一名下属多次上班迟到，应指出这一行为如何增加了其他人的工作负担，或影响了整个部门的工作士气，而不应该责怪此人自私自利或不负责任。

当然，人毕竟不是火炉，不可能在感情上和所有人都等距离。不过，作为管理者，要做到公正，就必须做到根据规章制度而不是根据个人感情奖惩下属。

俗话说：“没有规矩，不成方圆。”纪律是一切制度的基石，是组织正常运行的有力保障。纪律是出于对全局利益的考虑，而不是个人。但作为个人，遵守纪律，是组织性的要求，也是个人素质的体现。

# PART 09

## 用成功心理学开发你的潜能

# “印刻效应”给我们的启示

1910年，德国习性学家海因罗特在实验过程中发现了一个十分有趣的现象：刚刚破壳而出的小鹅，会本能地跟在它第一眼看到的自己的母亲后边。但是，如果它第一眼看到的不是自己的母亲，而是其他活动物体，它也会自动地跟随其后。尤为重要的是，一旦这小鹅形成对某个物体的追随反应，它就不可能再对其他物体形成追随反应。用专业术语来说，这种追随反应的形成是不可逆的，而用通俗的语言来说，就是它只承认第一，无视第二。这种行为后来被另一位德国行为学家洛伦兹称之为“印刻效应”。

“印刻效应”现象，不仅存在于低等动物之中，同样存在于人类中。比如，婴儿对电视就能产生一种负面的印刻效应。一个婴儿在耳朵基本上能听到声音，眼睛也能看见东西的情形下，如果每天给他看五六个小时的电视，那么到了两三岁的时候，孩子通常会有以下的表现：喜欢电视中的音乐、对母亲的声音反应迟钝，不能专心注视母亲的视线、无法安静、对事物不敏感等等。即使母亲给孩子耐心地说话或唱歌，孩子也会兴致索然，无动于衷。这些表现说明孩子已经对电视产生了“印刻效应”，如果不加以及时纠正，就很容易出现更加严重的心理障碍。

几乎所有的心理学家和社会学家都知道，人类对最初接受的信息和最初接触的人都留有深刻的印象，他们用“首因效应”等概念来表示人类在接受信息时的这种特征。

于是我们发现，人类对任何堪称“第一”的事物都具有天生的兴趣并有着极强的记忆能力。不经意地你就能列出许许多多的第一，如世界第一高峰，中国第一个皇帝，美国第一个总统，第一个登上月球的人等等，可是紧随其后的第二呢？你可能就说不上几个。看来，人类确实像那只小鹅一样，承认第一，却无视第二。

在生活中，人同样对第一情有独钟，你会记住第一任老师；第一天上班；初恋等等，但对第二就没有什么深刻的印象。

“印刻效应”给我们的启示就是：宁做鸡头，不做凤尾。与其活在别人的阴影下，不如去另辟天地。当然这要看个人的能力而定，你具备这样的能力，才能有机会成为你想成为的第一。

美国通用电气公司前任CEO杰克·韦尔奇就深谙“印刻效应”之道，并应用于企业经营之中。韦尔奇在上任的第一次年会上，就提出了“要做第一，只要不是第一，第二的部门就关门！”他还告诉员工：你愿意在第一流的公司工作，还是在不入流的公司鬼混？他宁可把这些失去竞争力的部门卖给对手，也不愿意留在通用公司苟延残喘。对于韦尔奇来说，通用电气要是不能做第一，还不如让员工选择到其他第一、第二的公司工作。由于韦尔奇坚定的领导信念，在20世纪的最后20年里，在经济不景气的严峻形势下，将通用电气做成了美国最成功的企业。

正如高尔基所说，一个人追求的目标越高，他的才力就发展得越快，对社会就越有益。有谁的人生是注定不可以改变的？你想成为什么样的人，都是靠你自己去努力、去拼搏，你想成为什么样的人，就把那个人当作自己奋斗的目标，当成自己未来成功的榜样，这个榜样的力量是你最好的前进动力，是你成功最好的积极因素。要敢于想成为第一，然后才会有实际行动上的奋力实施，这样你离目标就会越来越近，终有一天你会成为目标中的第一。

要做到第一，就必须树立成为第一的远见，这样才能接近第一。起码你可以向他们靠拢，而不是原来那种遥不可及的感觉。有时候，不起眼的小事和不经意道出的话语却有着极其重要的意义。“我不会”只会落得一事无成的结局，而“我尽力去做”却有意想不到的收获。这种说法经过了无数事例的证明。不过话说回来，无论是谁，都必须首先具备成功所需的条件和能力。

## 志存高远，方能做出丰功伟业

相信大家都知道井底之蛙的寓言故事。说的是井底下有一只青蛙，它说，天就像井口那么大。因为它从来没有想到也不可能跳出井来看一看，所以它的见识只能是井底之蛙的见识。但是作为当今时代的社会人，我们要做的是雄鹰而不是井底之蛙。只有心无止境，才能开拓和创造出广阔的天地。雄鹰志在云天，所以才能翱翔在万里高空。成功心理学教会我们要誓做翱翔之鹰，不做井底之蛙。

大雁为了心中向往的绿洲，从南方飞到北方，可是麻雀们就飞不远了，只能围着家门转。燕雀安知鸿鹄之志哉？政治家们凭着他们高远的志向，开拓出了宏阔的人生境界；科学家们凭借翱翔的翅膀飞向了科学的尖端，为整个人类的进程开创了新纪元；整个人类也凭借想象的翅膀，不但飞上了天，而且飞向了太空，飞向了天外，飞上了月球。

要想成为一个伟大的人物，必须从小树立一个远大的理想。

志存高远，方能做出丰功伟业。如果没有远大的目标，永远只能做一个井底之蛙，只能空守着井口的一片天空，没有丝毫的发展空间。

法国启蒙思想家、文学家、哲学家伏尔泰，是18世纪法国资产阶级启蒙运动的旗手，被誉为“法兰西思想之王”“法兰西最优秀的诗人”、“欧洲的良心”。

伏尔泰出生在巴黎一个富裕的中产阶级家庭，父亲是一位法律公证人，母亲来自普瓦图省的一个贵族家庭。伏尔泰在高中毕业后便有从文的愿望，但他的父亲希望他读法律。伏尔泰假装在巴黎为一名律师担任助手，实际上大多数时间用在创作讽刺诗上。这件事很快被他父亲发现，便将他送到外省（巴黎地区之外的地方）读法律。然而，伏尔泰坚持写作论文和做一些不太讲究考证的历史研究。伏尔泰的智慧很快就使他受到不少贵族家庭的欢迎。他的早期文学作品对王室及天主教会进行了辛辣的讽刺，被公认为是启蒙时代最主要的哲学家，受到法国大多数人民的爱戴。

伏尔泰后期的成功与其从小立志成为文学家有很大的关系，正是这种远大的志向，一直激励着他宁可背叛父亲也要执着追求自己的鸿鹄之志，最终成功地实现了理想，成为历史上著名的哲学思想之鹰。

在人类历史上，不但是政治家有誓做雄鹰的远大志向，科学家也同样如此。英国杰出的物理学家法拉第就是一例。他确定了电磁感应的基本定律，从而奠定了现代电工学的基础。此外，他还有磁致光效应等多项重大发现。但这位被恩格斯誉为“到现在为止最大的电学家”，连小学都没有上过。他小时候一边卖报，一边识字。后来又自学了电学、力学和化学知识。他立志要投身于科学事业，给赫赫有名的戴维教授写信表示：“极愿逃出商界入于科学界，因为据我想象，科学能使人高尚而可亲。”这时，法拉第是一个装订图书公司的学徒工。试问，没有这样崇高而远大的理想，法拉第能跨入世界第一流科学家的行列吗？

心有多高，天就会有多高。不怕做不到，就怕想不到。这是一个开放的时代，也是一个急剧变化的年代，它带给我们的是一个充满机遇的广阔平台和一个让我们振翅翱翔的无限天地。

耶鲁大学法学专业毕业的博士高志凯曾做过摩根士丹利亚洲区副总裁，也在联合国秘书处和香港证监会等机构任过职，可以说是个典型的成功人士。高志凯就认为，他青年时期最重要的两次人生“教育”，都是使其立志成为雄鹰的教育。

他的第一次经历是为国家领导人当翻译。高志凯曾陪同李先念、胡耀邦等领导人出访国外，还陪同邓小平会见过尼克松、布什、蒙代尔、基辛格等外宾。由于“经常参与很多最高领导人重要讲话第一手的记录和整理，很多国家的战略方针必须熟记于胸”。这对高志凯树立远大志向就很有作用，他甚至认为“这对我的一生都影响深远”。

他的第二次经历是在耶鲁大学法学院留学。开学典礼上，耶鲁法学院的院长首先就问：“同学们，你们来耶鲁是为了学懂法律条文的吗？”所有的学生都回答：“是。”院长立即说：“那你们不用到耶鲁来。”有的人问：“那我们是来学什么？”院长回答说：“你们是来学习如何制定法律。”

耶鲁培养的不单是律师，更重要的是熏陶学生拥有国家领袖般的胸怀。所以高志凯认为：“这就不难理解为什么耶鲁会培养出这么多的政治领袖：美国前总统福特、老布什、克林顿和小布什、副总统切尼……”这种强调志向一定要广阔的教育也让高志凯受益很多，甚至可以说他之所以能成为一个成功的人，誓做翱翔雄鹰的远大理想是其重要原因。

人和人都是平等的，但为什么有的人能够在有限的生命中取得他人所没有的成就？关键在于自身的心力是否够大。心力大眼界高的人才能够立誓做雄鹰，才能够在广阔天地间勇敢翱翔，而如果心力弱眼界低，那势必会掉入流俗，成为芸芸众生中普通的一员，当然也做不出超众的成就，一生只能平平淡淡地度过。

每一个人都不能妄自菲薄，每一个人都有成为伟人、名人的潜在能力，这些都在于我们的立志。你立志想成为什么，那就将成为什么，而最高远的志向就是做一个翱翔的雄鹰。时代需要我们的雄鹰之志，时代需要我们能够振翅翱翔，在风云变幻的际会中成就自己的理想，成就一番伟业。

# 给自己设立准确的人生目标

要想做一个成功的人，不但要有长远的目标，还要有短期的目标。如果你想成功，你最好给自己设立准确的人生目标，有了准确的方向，你前进的步伐会更坚定、更准确。每一个短期目标的完成就是在累积完成长远目标的成绩，这样也就能自然地完成整个的人生旅途。作为一个聪明的现代人，要想轻松实现我们人生的目标，就要学会运用成功心理学，明确目标，做聪明的“跳蚤”。

法国有位贫穷的年轻人，经过10年的艰苦奋斗，终于成为媒体大亨，跻身于法国50名大富翁之列。1998年他去世时，将自己的遗嘱刊登在当地报纸上，说：“我也曾是穷人，知道‘穷人最缺少的是什么’的人，将得到100万法郎的奖赏。”几乎有20000人争先恐后地寄来了自己的答案。答案五花八门，大部分的人认为，穷人最缺少的是金钱。另一部分人认为，穷人最缺少的是机会、技能……但没有人答对。一年后，他的律师公布了答案：“穷人最缺少的是成为富人的野心！”这个谜底震动了欧美，几乎所有的富人都予以认可，说出了自己成为富人的关键所在。这里说的“野心”，准确地说，应该是我们常讲的“雄心壮志”。我们难以设想，一个心志不高的人，一个没有远大目标的人，连一张蓝图都没有的人，能够创造出什么奇迹。

你给自己定下目标之后，目标就在两个方面起作用：它既是努力的依据，也是对你的鞭策。目标给了你一个看得着的射击靶，随着你努力实现这些目标，你就会有成就感。对许多人来说，制定和实现目标就像一场比赛，随着时间的推移，你将实现一个又一个的目标，这时，你的思想方式和工作方式又会渐渐改变。

最重要的是，你的目标必须是具体的，可以实现的。如果计划不具体，就无法衡量目标是否能实现，那会降低你的积极性。因为向目标迈进是动力的源泉，如果你无法知道自己向目标前进了多少，你就会泄气，甚至放弃。所以，成功心理学告诉我们，要做最聪明的跳蚤，用准确的目光测定实际可行的目标。如果人生路上的目标不清晰、不准确，就会影响你迈向成功人生的步伐。这里有一个真实的例子，说明一个人若看不到自己的目标会有怎样的结果。

1952 年 7 月 4 日清晨，加利福尼亚海岸笼罩在浓雾中。在海岸以西 21 英里的卡塔林纳岛上，一个 34 岁的女人涉水下到太平洋中，开始向加州海岸游过去。要是成功了，她就是第一个游过这个海峡的妇女，这名妇女叫费罗伦丝·查德威克。在此之前，她是游过英吉利海峡的第一个妇女。

那天早晨，海水冻得她身体发麻，雾很大，她连护送她的船都几乎看不到。时间一个钟头一个钟头地过去，千千万万的人在电视上看着。有几次，鲨鱼靠近了她，被人开枪吓跑。她仍然在游。在以往这类渡海游泳中，最大问题不是疲劳，而是刺骨的水温。

15 个钟头之后，她又累又冻。她知道自己不能再游了，就叫人拉她上船。她的母亲和教练在另一条船上。他们都告诉她海岸很近了，叫她不要放弃。但她朝加州海岸望去，除了浓雾什么也看不到。几十分钟之后，从她出发算起 15 个钟头零 55 分钟之后，人们把她拉上了船。

又过了几个钟头，她渐渐觉得暖和多了，这时却开始感到失败的打击，她不假思索地对记者说："说实在的，我不是为自己找借口，如果当时能看见陆地，也许我能坚持下来。"人们拉她上船的地点，离加州海岸只有半英里。后来她说，令她半途而废的不是疲劳，也不是寒冷，而是因为她在浓雾中看不到目标。

查德威克虽然是个游泳好手，但也需要看见目标才能鼓足干劲儿完成她有能力完成的任务。因此，当你规划自己的成功时，千万别低估了制定可测目标的重要性。你的目标越准，就越容易地达到目标。

当心灵有了明确的指引，就能够不断地瞄准和修正，以达到它所追求的目标。若是心灵没有一个明确的目标，精力就会虚耗，犹如一个人虽持有性能最佳的电锯，却不知在森林中要做什么事。我们每个人一定都希望自己能做那个最聪明的跳蚤，那就需要运用成功心理学准确地目测目标，完成我们人生路上每一个可以实现的理想。

# 行动是保证一个人达成目标的有效工具

3个旅行者徒步穿越喜马拉雅山，他们一边走一边谈论一堂励志课上讲到的凡事必须付诸行动的重要性。他们谈得津津有味，以至于没有意识到天太晚了。等到饥饿时，才发现仅有的食物就是一块面包。

这几个旅行者决定不讨论谁该吃这块面包，他们要把这个问题交给老天来决定。这天晚上，他们在祈祷声中入睡，希望老天能发一个信号过来，指示谁能享用这份食物。

第二天早晨，3个人在太阳升起时醒来，又在一起谈开了：

“我做了一个梦，”第一个旅行者说，“梦中我到了一个从未去过的地方，享受了有生以来我一直孜孜以求而从未得到的平静与和谐。在那个乐园里面，一个长着长长胡须的智者对我说：‘你是我选择的人，你从不追求快乐，总是否定一切。为了证明我对你的支持，我想让你去品尝这块面包。’”

“真奇怪，”第二个旅行者说，“在我的梦里，我看到了自己神圣的过去和光辉的未来。当我凝视这即将到来的美好时，一个智者出现在我面前，说：‘你比你的朋友更需要食物，因为你要领导许多人，需要力量和能量。’”

然后，第三个旅行者说：“在我的梦里，我什么都没有看见，哪儿也没有去，也没有看见智者。但是，在夜晚的某个时候，我突然醒来，吃掉了这块面包。”

其他两位听后非常愤怒：“为什么你在做出这项自私的决定时不叫醒我们呢？”

“我怎么能做到？你们俩都走得那么远，找到了大师，又发现了如此神圣的东西。昨天我们还在讨论励志课上学到的要采取行动的重要性呢，只是对我来说，老天的行动太快了，在我饿得要死时及时叫醒了我。”

3个旅行者谁都理解行动的重要性，并且对行动重要性的讨论几近痴迷，废寝忘食。可是真正实践起来的时候，有两个旅行者丧失了高谈阔论时的神采，而是在那静静地等待，只有一个人实践了自己熟知的理论。的确，心动不如行动，没有行动，任何想法都会扑空。可以说，行动是保证一个人达成目标的有效工具。拥有自己的梦想并不难，可是，真正能把梦想变为目标并付诸行动的人真的是很少。

古时候，有兄弟两个人，他们的箭法都很好。一天，他们两人带着弓箭出去打猎，正好天空飞过一群大雁，兄弟两人看到后，哥哥便说：“等射下来后，回去把大雁蒸着吃。”弟弟不同意，他打断了哥哥的话说：“不行，蒸了不好吃，要烧了吃。”于是两个人便争论起来，这时候，走过来一位长者，兄弟两人便请长者评理。长者说，等你们把大雁射下来以后再商量如何吃不好吗？兄弟两人一想觉得有道理，可是等他们明白过来的时候，大雁早已飞走了。

从这个故事中，我们可以明白这样一个道理：一旦你坚定了信念，接下来就赶紧行动起来。这会使你前行的车轮运转起来，并创造你所需要的必要动力。一位演讲家曾经说过，说空话只能导致你一事无成，要养成行动大于言论的习惯，那么即使是再艰难、再远大的目标也是能够实现的。

无论是任何目标，如果不去落实，永远只能是空想。成功在于意念，更在于行动。制定目标是为了达到目标，目标制定好之后，就要付诸行动去实现它。如果不化目标为行动，那么所制定的目标就成了毫无意义的东西。

演讲大师齐格勒讲了一个事实：世界上牵引力最大的火车头停在铁轨上，为了防滑，只需在它的 8 个驱动轮前面塞一块一英寸见方的木块，这个庞然大物就无法动弹。然而，一旦这个巨型火车头开始启动，小小的木块就再也挡不住它了。当它的时速达到 100 英里时，一堵 5 英尺厚的钢筋混凝土墙也能轻而易举地被它撞穿。看，这就是行动的力量。

零，只有和实数在一起才有意义；思想，只有和行动在一起才能放出光芒。试想，如果牛顿看见苹果落地而没有行动起来思考“苹果为什么会落地”这个问题，他能发现万有引力吗？如果瓦特看见水蒸气把茶壶盖顶开而没有行动起来，他能够发明蒸汽机吗？不能，“想”要靠“做”才能展现其实在意义。

在人的一生中，总有着种种的憧憬、种种的理想、种种的计划。假如我们能够将一切的憧憬都抓住，那么一切理想都会实现。将一切的计划都执行，那么我们事业上的成就，真不知会怎样伟大。然而，我们总是有憧憬而不去抓住，有理想而不去实现，有计划而不去执行，终于坐视各种憧憬、理想、计划消逝。

也许我们早已为自己的未来勾画了一个美好的蓝图，但它同时也给我们带来了烦恼。我们感到自己迟迟不能将计划付诸实施，而总是在寻找更好的机会，或者常常对自己说：留着明天再做。可是，任何一个伟大的计划，如果不去行动，就像只有设计图纸而没有盖起来的房子一样，只能是一个空中楼阁。

你要知道，目标再伟大，如果不去落实，永远只能是空想。成功在于意念，更在于行动。如果不化目标为行动，那么所制定的目标就成了毫无意义的东西。

# 不断地否定自己才能走向成熟

自我肯定是每个人天生的权利，但是自我否定却又需要很大的勇气。每一个成功的人的一生都不断地经历着自我肯定与自我否定的循环往复。虽然自我否定是非常痛苦的，但如果没有不断的自我否定，就不会有以后的自我肯定，就不会有以后更大的进步，更不会有以后的成功人生了。所以，识人心理学之成功心理学的一个重要准则就是：对自己由肯定到否定的循环就是成功循环。

不断地否定自己是走向成熟的必要条件，也是成熟的重要标志。否定自己是深刻的思想活动，是出于对自我的认知，而不是妄自菲薄和自轻自贱。否定自己是思考的结果，而不是“触景生情”。只要你时时地反省和面对自己，你就会时时地否定自己。

认识自己并不容易，否定自己同样困难，因为人最容易自以为是和固执己见。其实，人们的认识本就浅薄，再加上一切都处在不断的变化之中，怎么能不有所改变呢？事物在变化，时代在变化，社会也在变化，这就需要我们不断地改变自己原来的认识，否定自己曾坚持的东西。

我们知道，爱迪生一生共有一千多项发明创造，有些发明创造已经获得惊人的成功，他本人也是享有盛名的。但是，他从不沉醉于自己的发明，他无时无刻不向科学的新领域攀登，同时也无时无刻不对自己的发明创造持否定态度而不停地加以改进。他自己说：“我是永远不会满足的。”无休止的钻研，不停顿的改进，这正是爱迪生的又一个突出特点。

他发明的蓄电池获得成功后，他便办了一个蓄电池工厂并大批生产，销路一直很好。可是过了一个时期，他发现电池有毛病，一时又找不到原因，他就决心要改进电池。但是，改进需要时间，需要精力，同时工厂也要停业，这不仅会降低他发明电池的威信，经济上也将蒙受很大损失，然而他决然命令工厂即刻闭门停业。

有许多对他的电池比较满意的人要求继续增加订货，他却一概不接受；有人在经济上给他施加压力，他也毫不畏惧。结果，经他用心改进的电池获得了比预料还好的成功，很快畅销各地。他的这种精神，同当时“金玉其外，败絮其中”，掩饰劣货的商贾，形成了鲜明的对照，不能不令人尊敬与赞扬。

在他的发明创造中，能够引起当时社会震惊的，莫过于留声机了，这也是他的得意发明物。他是耳聋的人，能发明这样一个发声的机器已是令人惊讶了。但是，爱迪生在发明它之初，就一改再改。十年过后，他又从架子上的尘埃中把留声机取下来，决然要改进它。他实实在在地连续工作了五天五夜，才获得了成功——他仅在留声机上的发明专利权就超过一百项。

当我们看到今天的留声机的时候，不要忘记这里面渗透着爱迪生无数辛勤劳动的血汗。爱迪生如果没有无数次的自我否定，就不会有以后这么多的自我肯定，就不会有这么大的发明成就，他用不断的自我否定精神为人类创造出了巨大的财富，他由自我肯定到否定的一生就是成功循环的一生。做人成功的心理学不仅仅是表现在外像的实际成果，更多的是表现于内在的人格魅力。要想拥有一个成功的人生，就要在不断的自我肯定与否定中成功循环。

自我否定是一种手段，一种方法，更是一种动力。自我否定的发展观是一种以自我否定为动力的社会进化思想，其内涵是对自己不足的否定。否定自己的不足，即是对自我的完善，完善自己，也就实现了自我否定的发展，就能取得更大的成就。

能够正视自己的不足，并勇于去改正，这显现了自己的积极、勇气、乐观和智慧，因而又是对自己最大的肯定。在此过程中，我们需要否定自己的幼稚、差错和无知，这是任何人都难以避免的东西，我们无须为此感到羞辱。然而，我们却能通过它建立起支撑我们人生成功的内在素质，这也是建立自信的根本。

实际上，人要想建立起自信，必须先悦纳自我，看到自己的长处和优势，相信自己能够实现自我。在此基础上积极改变，而后积极实践，自我改进，克服不足，提升自我，这样优点便会越来越多，缺点会越来越少，或对你人生的影响越来越弱，相当于在更高的层次上肯定了自我。如果对哲学上的否定之否定定律反其道而用之，那就可简单概括为我们关于克服自卑的否定之肯定定律：自我肯定——自我否定——自我肯定。

自我肯定是一个人自信心的内在表现。每个人要想成功地实现理想，必须要经历不断地自我肯定、不断地超越自我的每一个环节。肯定自我将会使自己有着巨大的前进动力，当在人生之路上走错路时，也要勇于自我否定。自我否定是下一个自我肯定的台阶，有了自我否定，方能有下一步成功中的自我肯定。

由自我肯定到自我否定是一个人成熟的标志，也是一个人自信的表现。人只有具有真正的自信心才敢于自我否定，而在不断的自我否定中完成一次次的自我肯定，从而在自我肯定与自我否定的循环中成功做人，成就完美的人生。

# 向竞争对手学习，可以事半功倍

在我们所生活的社会群体中，一定会遇到自己的竞争对手。当遇到竞争对手时，最聪明的做法是怎样的呢？在竞争中，面对强大的对手，有的人视竞争对手为敌人，老死不相往来，甚至还有的人拼命寻找竞争对手的致命弱点，千方百计诋毁对方的声誉，不择手段要争夺地盘和市场，这种“竞争”的结果必然是两败俱伤。成功心理学告诉我们，要树立标杆，将对手作为学习的榜样。

优秀的竞争对手是标杆，向对手学习，可以事半功倍。善于学习竞争对手的人，必然是社会中的精英，更是成功做人的典范。

在职场中，竞争对手是对自己最有影响力的人。设想一下，在百米赛场上，你是否能跑出好成绩，很大程度上取决于什么人和你一起站在起跑线上。所以，为了增加社会竞争力，我们必须将对手视为榜样。

马云曾有一句经典之语：只有心中无敌，才能天下无敌！在马云的眼中从来没有敌人，因为他把每一个对手都当作了榜样，去学习对手的优点，最后自然天下无敌了。其实，这是最高明的打击对手的方法。

试想，当竞争对手在你面前没有任何优势的时候，他还会成为你的对手吗？显然是不可能的。所以，成功者会把竞争对手当成是自己最好的老师，他们从学习对手的成功经验中帮助自己更快地走向成功。

2001 年，李开复来北京发布微软新开发的 WindowsXP。与媒体记者聚会时，李开复给记者们讲了一个故事：微软有一个班子，专门分析竞争对手的情况，包括什么时间推出什么产品，产品的特色是什么，有什么市场策略，市场的表现如何，有什么优势，什么劣势等。微软的高层每年都要开一个会，请这些分析人员来讲竞争对手的情况。

微软为什么要这样做？记者当时都是这样去猜，微软的这种做法，是为了分析竞争对手的“破绽”。但是李开复的说明非常出乎记者的意料：微软此举是为了向竞争对手学习，学习对方的长处。

微软是成功企业的典范，这样成功的公司还如此谦虚地向别人学习。当然不仅仅是因为它的大度和可敬，更重要的是，他们是为了学习对手的长处，总结对手的成功经验，吸取对手的教训，避免重犯对手犯过的错误，以便更好地提升自己的竞争能力，打败竞争对手。

在当今激烈竞争的人才社会，学习并赶超竞争对手是每一个社会人的必修课。当竞争对手在才学、能力、实力等方面优于你的时候，我们就要研究对方为什么能做到这些，其中必有高招。把这些招数弄清楚，这就是学习。可以说，没有竞争就没有进步，而没有向竞争对手学习，就根本谈不上去竞争。

爱看武侠小说的人都知道，一个武林高手最寂寞的是没有对手，从而陷入“独孤求败”的境地。因为没有合适的对手，他就看不清自己武功的缺陷；没有合适的对手，也就无法激发其最大的生命潜能。正所谓“天外有天，人外有人”，在没有对象去比的时候，你会感觉自己是最好的。可当你遇到对手时，才能发现原来自己要做的努力还很多。

竞争对手是面镜子，会毫不留情地照出我们的缺点，帮助我们更好地认识自己，完善自我，把我们提升到一个新的境界。正所谓：“以铜为鉴，可以正衣冠；以人为鉴，可以明得失。”说的就是这个道理。由此可知，竞争对手并不是我们前进道路上的障碍，相反，他可以帮助我们看清楚自己的优劣势。由此，我们就可以知道自己应该规避哪些问题，应该弥补哪些不足，并且我们也找到了学习的榜样和超越的目标，不断地用他们的好方法来革新自己，达到我们的计划目标。所以，怀着一颗感恩的心去看待竞争对手吧，因为他们可以让我们获得成长，让我们快速地完善自我，快速地成功。

日本在二战以后，勤奋不懈地向西方企业特别是美国企业学习，在诸多方面模仿美国企业的管理、营销等操作方法，使得日本国内迅速崛起一批世界级的企业，如夏普、富士等，都是这一学习浪潮的直接受益者。

以日本夏普公司的崛起为例。1962 年，英国的隆姆洛克公司和美国的威尔公司几乎同时宣布了一项新发明——电子计算器。当时，大型计算机发展得很快，在商业、科学技术方面迫切需要利用计算机技术来解决各种问题。但是大型计算机价格偏高，结构复杂，使用不便，而市场上已有的电动计算机又不能满足新的要求。于是，一种小型、灵活、便宜的电子计算器出现了，它填补了大型电子计算机与电动机械式计算机的“空白”，但这个发明当时并没有引起美国企业界的重视。

美国电动机械式计算机公司中的保守思想相当严重，不少技术权威毕生从事电子计算机的研究和改进，使之达到了发展的顶峰，然而这些足以自豪的成就反而使他们目光迟钝了。恰巧威尔公司及其他一些公司在发展电子计算器的技术方面也遇到了很大困难，使其他公司相信电子计算器没有什么前途了。这种失策终于使日本的夏普公司捷足先登。

于是，夏普公司从美国引进样机，1964 年仿制出来，同年 9 月开始向世界各地推销。3 年后采用 MOS 大规模集成电路及数字管，使计算器的性能有了很大改进，价格降低了一半，一时雄踞世界市场。至 1971 年，在美国电子计算器市场上，日本产品占 80%以上。

从以上的事例我们可以看出，竞争对手其实是自己最大的财富，有竞争对手这现成的学习榜样，可以免去我们很多的研发精力。直接把竞争对手作为标杆、作为目标，我们照着这个标杆和目标赶超，就会很轻松。

学习对手的成功之处，学习对手的各个优势，向对手学习，是个人胸怀的一种表现，也是智慧的体现。将对手中的超胜之处拿来学习，很快你就会拥有对手的优势。

所以，智慧地做人，智慧地对待竞争对手就是成功心理学告诉我们的：树立标杆，将对手作为学习榜样。

# 别样的“跳蚤人生”

有人曾把一只跳蚤放在一个瓶子里，再在瓶子上面加盖一片玻璃。这时，跳蚤因为环境的改变，就要摆脱瓶子的束缚，就会设法跳出这个瓶子。开始时，它跳上去因为碰到了玻璃而掉下来，它就不断地调整跳的高度，最后它不再碰撞玻璃了，但是尽管它不断地跳啊跳，它也出不了这个瓶子。相反，如果把它放在开口的瓶子里，不论高低，它总能准确无误地轻轻一跃而出。是什么导致了这种情况的发生呢?

事实上，这是跳蚤给自己设置了限度。

与跳蚤一样，我们人类也会给自己设限，而“跳蚤人生”留给我们的只有无限的遗憾。人们所说的庸人缺少自信心，他们的心理高度是比较低的。他们认为自己是非常普通的社会一分子，不会像一些名人、伟人，甚至一些当红歌星、影星、足坛明星等一样，甚至他们想都没有想就给自己下了定论。这种想法扼杀了萌芽中的一颗颗种子，降低了自己的心理高度，这就为以后的碌碌人生埋下了伏笔。这样，一个个“人才”因此而丧失。

自我设限是非常严重的一种心理误区。活力无限的我们，一定要理解“年轻无极限”的深义，不要自我设限，这样才能释放无限的潜能。

经常给自己设限的人，他们认为别人（特别是名人、伟人）是不可超越的，自己不如他们，自己是没有资本和他们相比的。但是有一点他们都忽略了，一个伟人，一个天才也是从一个普通人开始的，不过他们通过自己的努力，能够超越他人，超越自我；他们敢于追求，敢于超越。伟人们不会因为自己某一方面不如别人而否定自己，降低自己的追求。一般说来，他们不会轻易地改变自己的决定，除非经过自己的实践后证实确实行不通的。因为他们相信一切没有定论，今天的真理可能到了明天就成了谬论。这一点我们也知道一些，在哥白尼提出日心说之前，地心说是真理，但是它经不起实践的考验，因为实践是检验真理正确与否的唯一标准。

大多数人总爱“自我设限”，在他们的思维习惯里有太多的“不可能”——许多事情还没有动手做，自己先想当然地否决了，自然偃旗息鼓、不战自败，这就是许多人不能成功的原因所在。

其实人的大脑是有很大潜力可挖的。据资料上讲，一般正常人的大脑由 1000 亿个神经细胞组成，可以储存 1000 万亿个信息单位，而一个人一生中能够利用的不过 10%左右。据说爱因斯坦用得最多，也就用了 17%。人的体能也一样，这就是一代代的运动员在同一运动项目上一次次地超越别人，一次次地打破世界纪录的原因。

《读者》上曾经有一篇题目叫《你就是自己的奇迹》的文章。里面讲述了一个叫谈力的人，他在 8 岁的时候因为一次意外事故双目失明，而现在的他已成为扬州市摄影家协会会员。网上流传着他的一幅得意之作，照片上是他活泼可爱的女儿，昂着小脑袋，嘴巴张得大大的，灿烂的笑容惹人忌妒，天真、顽皮、欢乐呼之欲出，无论是构图还是用光，其水准都丝毫不亚于正常人。

谈力的故事证明了“盲人摄影不是一个神话”。文章最后还说，其实神话与现实并无界限，一百年前飞机就是个神话，谈力之前，盲人摄影也是个神话。你要做的，就是比你想的更疯狂一点儿。只要你去做，你就是自己的奇迹。

《论语》里有这么一句话，冉求曰："非不说子之道，力不足也。"子曰："力不足者，中道而废，今女画。"翻译过来即，冉求说："我并非不喜欢您的学说，而是我的力量不够。"孔子说："如果真的力量不够是走到一半就再也走不动了，现在你却是为自己划定了停止的界限。"这就是孔子教育学生不要"自我设限"的典型语录。

如果你觉得低人一等，那是你自己决定的，你本来并非如此。自我设限把我们放在一个不属于我们的低水平上，而事实上，我们应该远远高于那个水平。

作为一个社会人，我们完全没有必要急于承认别人就是比自己好，而要认为这些都只是暂时的，现在的一切并不能代表以后，这样我们就能够非常平静地为人处世了。

总之要记住，我们不要自我设限，不能知难而退，因为自我设限是一个挑战者万万不能有的。